하마터면 글로벌셀러 할 뻔했다

방선영, 황성환 지음

정보문화사

하마터면
글로벌셀러 할 뻔했다

초판 1쇄 인쇄 | 2018년 12월 01일
초판 1쇄 발행 | 2018년 12월 05일

지 은 이 | 방선영, 황성환
발 행 인 | 이상만
발 행 처 | 정보문화사

책 임 편 집 | 최동진
편 집 진 행 | 노미라

주　　　 소 | 서울시 종로구 대학로 12길 38 (정보빌딩)
전　　　 화 | (02)3673-0037(편집부) / (02)3673-0114(代)
팩　　　 스 | (02)3673-0260
등　　　 록 | 1990년 2월 14일 제1-1013호
홈 페 이 지 | www.infopub.co.kr

I S B N | 978-89-5674-794-1

이 책은 저작권법에 따라 보호받는 저작물이므로 무단 전재와
무단 복제를 금하며, 이 책 내용의 전부 또는 일부를 사용하려면 반드시
저작권자와 정보문화사 발행인의 서면동의를 받아야 합니다.

※ 책값은 뒤표지에 있습니다.
※ 잘못된 책은 구입한 서점에서 바꿔 드립니다.

추천사

온라인 마켓을 통한 소자본 창업, 글로벌셀링 비즈니스, 온라인 창업을 시작으로 무역, 마케팅, 강의 등의 다양한 분야를 섭렵한 방선영 대표가 전달하는 글로벌셀링을 위해 가져야 하는 마인드를 배울 수 있는 책이다. 글로벌셀링 비즈니스의 장점인 디지털 노마드와 워라벨을 실현하고자 한다면, 단순히 일을 열심히 해야 한다는 생각보다 어떤 마음가짐이 필요한지를 알게 해주는 책이다. 쉽게 돈을 벌겠다는 생각을 하기 전에, 최소한의 시스템으로 최대한 간결하게 운영함으로써 글로벌셀링이 가지는 확장성에 함께 기여하기를 바란다.

- 위드유비즈 오승식 대표

글로벌셀러 관련 서적은 많으나 본서와 같이 글로벌셀러를 꿈꾸는 이들에게 실질적이고 현실적인 조언을 주는 내용은 없었다. 셀러로서 현재 고군분투하며 얻은 두 작가의 경험과 시각을 녹여낸 본서를 통해 단지 꿈에 부풀기보다는, 베일에 싸인 글로벌셀러라는 직업을 명확하게 들여다보고 실질적으로 도움이 되는 조언을 얻을 수 있을 것이다.

- 해픽 트레이딩컴퍼니 이원준 대표

글로벌셀링 역시 어떠한 창업과 마찬가지로, 신중하게 시장조사부터 시작해야 하는 사업이다. 시작과 동시에 많은 수익을 창출한다면 더할 나위 없이 좋겠지만, 나만의 아이템과 노하우가 쌓일 때까지는 그만큼 시간과 노력, 인내를 필요로 한다. 그 과정에서 터득한 팁과 주의해야 할 부분 등을 두 저자가 솔직하게 가감 없이 이 책을 통해 공개하여 예비 셀러들에게 동기부여가 되었으면 한다.

- Payoneer 파트너십 매니저 하지연

踏雪野中去 , 不須胡亂行, 今日我行跡, 遂作後人程
"눈길을 걸을 때는 함부로 걷지 마라. 오늘 내가 남긴 발자국이 뒷사람의 길이 되리니…." 문득 서산대사의 시가 생각난다. 결코 일반적이지 않은 이야기들, 쉽게 말하지 않는 이야기들, 말하기 다소 불편할 수 있는 이야기들을 왜 이렇게까지 말하려 했을까. 그것은 아마도 이 책을 통해 글로벌셀러에 대한 보다 진중한 접근이 이루어지기를 바라는, 먼저 이 길을 걸은 선배로서의 책임이 아니었을까 싶다. 그들의 진심이 여러분에게 잘 전달되어 이 책을 읽는 모두가 성공한 글로벌셀러가 되기를 바란다.

- FAEM International 서주영 대표

PROLOGUE

이 책은 두 명의 셀러이자 사업가가 셀러를 시작했을 때부터 지금까지 걸어오며 느낀 감정과 노력을 쓰고 싶은 대로, 이야기하고 싶은 대로 적었습니다.

그저 돈벌이를 위해서 아닌 것도 '맞다'고 이야기하고, 맞는 것도 '아니다'고 이야기하는 이 세계가 싫었습니다. 우리는 모르기 때문에 선택과 판단을 못할 뿐 솔직한 이야기를 들으면 현명한 선택과 판단을 할 수 있는 능력이 생깁니다.

이 책은 절대 기술서가 아닙니다. 여러분께 조금이나마 스스로 생각하고 판단할 수 있게 도움을 드리고자 만든 책입니다. 지금부터 조금씩 이야기하려 합니다.

필자는 한 직장에 오래 버티는 성격이 못되었습니다. 직장 생활이 본인의 성격과는 맞지 않는다고 생각했습니다. 항상 가슴 한 켠에 '사업을 하고 싶다'라는 생각이 있었습니다.

그러다 결혼을 하게 되었고, 한 가정의 가장이라는 책임감과 중압감에 사업이라는 것은 그냥 꿈으로 남게 되었습니다. 그러던 중 이직을 위해 준비하다가 예전 직장 동료들 모임에 나가게 되었습니다.

그곳에서 같이 일했던 지인이 회사를 그만두고 '글로벌셀러'를 하고 있다는 이야기를 들었습니다. 그 분야는 생소했기 때문에 어떤 일인지, 한 달 수익은 어떻게 되는지 물어보며 많은 관심이 생겼습니다.

그 뒤로 글로벌셀러에 대한 정보를 찾아보기 시작했고, 바로 사업자를 내고 시작하게 되었습니다.

역시나 현실은 그리 잘 풀리지 않았습니다.

열심히 제품을 찾아서 등록하려고 해도 이미 등록되어 있었고, 그들이 올려 놓은 제품의 가격 또한 마진을 0으로 책정해도 맞출 수 없었습니다.

'뭘 올려야 하는가' '어디서 아이템을 소싱해야 하는가' '도대체 어떻게 해야 하는가'

인터넷을 검색해봐도 사람들에게 물어봐도 결국 제자리 걸음이었습니다. 글로벌셀러라는 직업은 정보가 없어도 너무 없고, 책 또한 너무 옛날 이야기, 원론적인 이야기, 뜬구름 잡는 이야기밖에 없었습니다.

결국 '강의를 들어야 되나' '너무 금전적인 투자를 하지 않았나?' 싶어서 큰 마음먹고 50만원이 넘는 돈을 지불하며, 그래도 가장 인기가 있다는 강의를 듣게 되었습니다.

그것은 프로젝트 강의로 커리큘럼은 필요한 걸 모두 지원해주고, 한 사람의 셀러로서 자립할 수 있게 강의하겠다는 이야기로 가득했습니다.

아이템도 줄 것이고, 그 아이템을 가지고 같이 프로젝트를 하는 것이며, 뒤에서 개별로 활동하는 사람은 불이익을 주겠다며 엄포를 놓기도 했습니다.

'진짜 이건 나에게 필요한 강의다'라는 생각이 들었고 강의 날까지 2주를 기다렸습니다.

하지만 기대했던 강의는 커리큘럼과 달리 해당 마켓에 대한 전반적인 개론과 회원가입 및 단순한 상품 등록법, 주문, 배송, 정산에 대한 내용밖에 없었으며 기대는 배신감으로 바뀌었습니다. 같이 수강한 문늘노 중간에 소리치면시 기리큘럼과 다르지 않f며 항의하기도 했습니다.

'아이템도 알려준다면서 곧 있으면 강의가 마무리되는데 왜 아직까지 알려주지 않느냐'며 이야기했습니다. 결국 그렇게 강의는 끝이 났습니다.

아직도 기억납니다. 처음 강의장에 들어섰을 때 다른 수강생들의 눈빛에서 '나도 꼭 성공할 것이다'라는 게 느껴졌지만, 강의 이후의 눈빛은 굳이 말을 하지 않더라도 느끼리라 생각합니다.

그렇게 돈과 시간만 낭비하고 남는 건 하나도 없었습니다. 다시 처음으로 돌아갔습니다. 포기할까 생각도 많이 했지만, 지금까지 들인 시간이 아까웠고, 무엇보다 강의료가 너무나도 아까웠기 때문에 이대로 포기할 수 없었습니다.

PROLOGUE

다시 홀로서기가 시작되었습니다.

나 홀로 글로벌셀러를 독학하면서 '정보가 정말 한정적이고, 그 정보가 돈이 된다는 걸 이용하는 업체들이 많구나'라는 걸, 그리고 그들이 말하는 이상과 본인이 느끼는 현실은 너무나도 다르다는 것을 알게 되었습니다.

'왜 이런걸 솔직하게 이야기해주는 사람이 없을까?' '최소한 이제 시작하는 셀러들에게 진입 전 현명한 선택을 할 수 있게 가이드라인을 제시해주는 사람이 없을까?' 생각했습니다.

그래도 어쩔수 없는 이제 시작하는 초보 셀러였고 기댈 곳은 없었습니다. 역시 '무엇이든 쉬운 일은 없구나' 생각하게 되었고, 그래도 투자한 돈과 시간이 아까워서 발버둥치기 시작했습니다.

그리고 나중에 많은 사람에게 욕을 먹더라도 꼭 현실을 알려줄 수 있는 사람이 되자고 생각했습니다.

그렇게 나름 셀러로서 사업가로서 수많은 사람들을 만나고, 느끼고, 배우고, 그걸 나만의 것으로 만들기 위해 많은 노력을 했습니다. 그리고 그것들을 이렇게 책으로 쓰게 되었습니다.

필자가 돈을 주고 산, 누군가의 강의를 되파는 행위가 아닌 오로지 본인이 직접 피부로 느끼고 생각했던 부분을 가감없이 솔직하게 공유하고자 합니다.

이 책을 시작하는 분들께 알려드리고 싶었습니다.

이상보다는 단점을, 그리고 그 단점을 명확하게 이해하고 정확하게 판단할 수 있는 능력을, 그래서 여러분의 소중한 돈과 시간을 낭비하지 않게, 보여지는 것이 아름다운 이야기들 뿐이라 판단을 못하는 것이지, 현실을 직시하시게 된다면 여러분도 바른 길, 옳은 길로 한 발자국 한 발자국 나아갈 것이라고 생각합니다.

빛이 있다면 어둠이 있듯, 어떠한 일이던 고통이 따르게 됩니다.

필자가 혼자 그리고 소중한 동료들과 걸어온 길, 거기서 얻어진 정보들을 여과 없이 보여준다면, 글로벌셀러로 받아드려야 하는 많은 고통을 조금이나마 덜어주고 현명한 판단을 할 수 있을거라 생각합니다.

이 책이 여러분의 갈증을 조금이나마 해소할 수 있는 계기가 되었으면 좋겠습니다. 여러분이 소비한 천원, 만원이 절대 가볍다고 생각하지 않습니다.

이 책을 읽는 시간 또한 여러분이 돈으로 사지 못하는 것이기 때문이기도 합니다.

여러분이 안고 있는 고민들, 저도 느꼈던 고민입니다. 그 과정만 잘 넘긴다면 여러분도 '나에게 빛이 어느 정도는 보인다'고 생각하게 될 것입니다. 긍정적인 이야기보다는 부정적인 이야기들을 전해드리겠습니다.

개인차는 분명히 존재합니다.

하지만 글로벌셀러는 노력이 눈으로 나타나고 마켓에 계속 쌓여가게 됩니다. 그 노력이 쌓이고 쌓여서 엄청난 대가로 돌아온다 믿어 의심치 않습니다.

PROLOGUE

유난히 더운 여름입니다. 무더위가 각종 기록을 갈아치우고 있습니다. 그래서인지 일과 생활이 평소보다 더 힘들고, 쉽게 지치는 것 같습니다. 평소보다 건강관리를 더욱 해야 할 듯 합니다.

필자는 현재 동남아 오픈마켓 중에서 라자다, 쇼피에서 활동하고 있는 셀러입니다. 국내 마켓은 스토어팜을 하고 있지만 일손 부족과 조금의 개인적 핑계로 소소하게 활동 중입니다.

필자도 개인적 이유와 글로벌셀러의 다양한 매력에 관심을 두었습니다. 그 관심을 가진 채 시간이 조금씩 지나자 확신으로 바뀌어 직장도 그만두고 바로 전업으로 뛰어들었습니다.

확신에 대한 근거는 여러분이 생각하고 있는 정도였으며, 왠지 하면 될 것 같은 느낌이었습니다. 지금 생각하면 정말 용감했던 것 같습니다.

제대로 현실을 알았다면, 전업에 대한 부분은 조금 더 고려했을지도 모릅니다. 알고 있던 정보는 글로벌셀러의 각종 좋은 점들만 나열된 것이었습니다. 이런 면에서 필자는 운이 좋았다고 말할 수밖에 없습니다. 소 뒷걸음치다가 쥐 잡은 셈일지도 모릅니다. 하지만 숨어있는 노력은 대단했다고 자부합니다.

전업으로 선택했기에 팔지 못하면 수익이 없고, 당장 빚이 생길 상황이었습니다. 이러한 상황이다 보니 악착같이 했습니다.

시작은 국비 교육을 통해 2주간 교육을 받은 뒤, 3개월 동안 바깥 출입 거의 없이, 쉬는 날 없이, 하루 12시간 이상을 교육받은 그대로 작업했습니다. 쓸데없는 소비도 최소화하려고 노력했습니다. 결과는 좋았을까요?

아닙니다. 3개월 동안 10개도 못 팔았습니다. 평균 순이익이 한 달에 약 3만원 수준이었습니다. 교육받은 그대로 상품을 찾아 마켓에 등록했음에도 결과는 거의 폭망 수준이었습니다.

금전적으로 무척 힘들었고, 노력 대비 초라한 성적에 멘탈도 좋지 못했습니다. 이때 생긴 불면증이 여전히 고쳐지지 않습니다. 추후 왜 이런 결과가 나온 것인지, 밤낮으로 원인을 분석했고, 나름의 결론을 찾았습니다.

그때부터 다시 시작한다는 마음으로 새롭게 시작했습니다.

이 시점부터 6개월 동안, 히키코모리처럼 외출 없이 작업에만 매달렸습니다. 이후 다행스럽게 조금씩 매출이 오르다가, 특정 시점에서 급격한 매출의 상승이 일어났습니다. 이렇게 나름의 방법을 비교적 빠르게 찾은 것 역시 운이라고 생각합니다.

그렇지만 주기적으로 분석했고, 방법적 접근을 다시 생각하고 시도했던 끊임없는 노력이 뒷받침되었기 때문에 가능한 것일 수도 있습니다.

이렇게 할 수밖에 없었던 이유는, 당장 살아가야 했고 조금의 개인적인 상황 때문이었습니다. 그래서 더욱 악착같이 할 수밖에 없는 상황이었습니다.

이런 이야기를 언급한 것은 자랑하고자 하는 말이 아닙니다. 셀러는 생각힐 깃들이 정말 많습니다. 한 가지 사안을 놓고도 다양한 생각으로 판매 분석을 끊임없이 해야 합니다.

초반 얼마 동안 매출이 없는 것을 당연히 받아들여야 하고, 매출이 없다면 분명 무언가 잘못되었다고 생각해야 합니다. 아이템, 마켓, 소싱, 리스팅, 단가, 교육 등 다시 처음부터 따져봐야 합니다.

필자는 아이템과 수강한 교육이 해당 마켓과 맞지 않았기 때문에 방법적 접근 자체가 잘못됐었습니다. 결국 첫 3개월 동안의 노력은 헛수고였고 시간 낭비였던 셈입니다.

이런 상황은 여러분도 쉽게 겪게 되는 일입니다. 그렇다고 해서 교육이 잘못되었다거나, 틀렸다고는 말할 수 없습니다. 어떤 교육이든 분명 도움이 되는 부분은 있습니다. 실제로 다른 부분에서는 그 교육이 도움되었습니다.

PROLOGUE

맞지 않은 교육이었다는 것을 비유하자면, 각각의 오픈마켓의 특성이 있습니다. A 마켓에서 셀링 방법을 배워, 마켓 특성이 전혀 다른 B 마켓에서 판매하는 것과 비슷합니다. 비유적 표현이며 실제는 본인의 판매 방식, 마켓 특성 등을 끊임없이 확인하고 수정해야 합니다.

아이템의 경우 막연히 '이 상품이면 잘 팔릴 것'이라 생각하고 리스팅했습니다. 지금에서야 돌아보면 필자는 남들과 달리 상품을 보는 눈이 상당히 떨어졌었습니다.

잘 팔릴 상품을 리스팅한 것이 아니라, 안 팔릴만한 상품을 귀신같이 찾아서 리스팅했습니다. 이것도 능력이라면 능력인 듯 합니다.

사람은 밥을 먹어야 살아갈 수 있습니다. 그렇다고 밥을 열심히 먹는다고 성공을 보장해주지는 않습니다. 당연합니다. 셀러의 노력이 밥과 같은 존재입니다.

셀러의 노력은 셀러 활동을 위해 당연히 전제될 뿐, 성공을 보장하지 않습니다. 지금부터 쓰여진 글에는 당연히 노력이 전제되어 있다는 것을 알아두기 바랍니다.

초기에는 미친듯이 노력을 쏟아 부어도 성과가 초라합니다. 셀러의 현실입니다. 그러면 셀러라는 일을 직장인들이 투잡으로, 전업 주부들이 시간적 활용으로 할만한 일이 될 수 있을까요? 말장난 같지만 될 수도 있고 안 될 수도 있습니다.

당장 돈이 필요할수록 포기할 가능성이 큽니다. 사람마다 처지, 목적, 목표의 크기들이 저마다 다르기에 될 수도 있고, 안 될 수도 있다는 것입니다. 필자 주위에서는 투잡이나 시간 활용으로 시작했던 사람들 중에서 여전히 지속적으로 하는 사람을 보지 못했습니다.

왜냐하면 셀링을 위해 별도의 시간을 내는 것은 육체적으로도 힘들기 때문입니다.

직장인이 투잡을 생각하거나, 전업 주부가 글로벌셀러에 관심을 두는 이유는 대체로 어느 정도의 금전이 필요하거나 시간적 여유, 이직이나 퇴직 등을 염두에 두어 대체할만한 일 등의 이유일 수도 있습니다.

앞서 밝혔지만, 셀러라는 일을 병행한다는 것은 육체적으로 쉽지 않은 일입니다. 투잡으로 시작했던 분들이 셀러를 포기한 이유는, 시간을 쪼개서 열심히 몇달 동안 했지만, 한결같이 결과가 너무 초라하고 힘들기 때문입니다.

그렇기 때문에 의욕 자체가 없어져 버리고 포기의 수순으로 들어갑니다. 결국 시간 낭비인 것입니다. 차라리 그 시간에 푹 쉬었다면 육체적 피로는 없었을 것입니다.

오히려 다른 일을 하는 것이 나았을지도 모릅니다.

실제로 글로벌셀러를 투잡으로 시작해서 피나는 노력과 나름의 확신을 갖고 전업으로 성공한 분들이 있습니다. 하지만 소수의 이야기일 뿐 쉽지 않습니다.

투잡으로 글로벌셀러를 생각하고 있다면 질문을 드리겠습니다. '글로벌셀러가 쉬워보이나요?'

전업이든 부업이든 글로벌셀러를 하고자 한다면, 먼저 피나는 노력과 고통에 대한 인내의 각오가 섰는지, 셀러에 대한 관심이 어느 정도인지, 그리고 본인이 처한 상황과 결합하여 장기적인 금전적, 정신적 압박에 얼마만큼 견뎌 낼 수 있는지 확인해야 합니다.

이 부분은 필수적인 확인 사항입니다. 이런 부분들을 확인도 하기 전에, 마냥 글로벌셀러의 장점들로만 범벅된 정보만을 가지고 진입하면 안 됩니다.

이 책은 현재 셀러 활동하는 분들을 위한 것이 아닙니다. 글로벌셀러에 대해 관심을 갖고 있는 분들이 진입 여부를 선택하기 전에, 셀러의 현실을 알고 조금이나마 올바른 선택을 도와, 예상치 못한 고통과 시간적 낭비를 겪지 않으면 하는 바람으로 쓰여져 있습니다.

아울러, 일부 카테고리에서는 두 명의 필자 시점으로 쓰여져 있기 때문에 문체와 전달하고자 하는 내용이 조금 다를 수 있습니다.

필자가 글로벌셀러를 대표하는 것은 아닙니다. 필자가 생각하는 글로벌셀러의 현실은 주관적인 견해이며, 판단의 몫은 여러분 각자에게 있습니다. 그러나 필자가 겪었던 대부분은 많은 셀러가 겪은 공통된 과정이라고 생각합니다.

글로벌셀러가 매력적인 일이라고 생각하지만, 절대 쉽지 않음을 이야기하고자 합니다. 이 글을 통해 글로벌셀러라는 사업에 대한 구상을 다시 세워야 할지도 모릅니다.

공통으로 셀러가 겪게 되는 것들 위주로 하여 글로벌셀러의 다른 면을 말하고자 합니다. 본인의 현재 상황과 결부하여 글로벌셀러가 본인의 환경에 적합한 사업인지, 심적으로 준비가 되었는지 등을 재차 확인하는 시간이 되었으면 좋겠습니다.

더불어 글로벌셀러를 하기 위해 최소한 어떤 식으로 준비해야 하는지를 알려주고자 합니다. 필자는 작가가 아닙니다. 글의 부족함을 알기 때문에 넓은 양해를 구합니다. 다분히 주관적인 이 글이 여러분의 선택에 조금이나마 도움이 된다면, 그것만으로도 큰 기쁨이 될 것 같습니다.

CONTENTS

PROLOGUE 4

PART 01 / 글로벌셀러 각오 다지기 14

글로벌셀러? 17
글로벌셀러는 아름다운 직업인가? 26
글로벌셀러는 무자본으로 가능한가? – 돈맥경화 33
글로벌셀러 부업일까? 전업일까? 41
간이 사업자 vs 일반 사업자 46
글로벌셀러, 무엇을 해야 할까? 49
8시간 일하지 말고 1시간 집중해라 53
일희일비 하지 말자 60

PART 02 / 글로벌셀러 혼자 하기 정말 힘들다 66

믿을 수 있는 파트너를 찾아라 69
혼자 하지 말고 팀을 만들자 73
내가 잘할 수 있는 것에 집중하자 79
강사 그리고 글로벌셀러 매너 82
   강사 83
   매너 87

PART 03 / 나만의 아이템은 이 세상에 없다 90

아이템보다는 사람에 집중하자 93
아이템 소싱은 아무나 할 수 있다 99
사입은 하지 말자 118

PART 04 / 나에게 맞는 마켓을 찾아라 124

준비 교육은 최소한으로, 경험은 최대한으로 127
   해외 상품을 국내에 판매 130

국내 상품을 해외에 판매(역직구) ... 131
해외 상품을 해외에 판매 ... 132
어떤 마켓을 해야 하나? ... 136
해외 온라인 마켓별 특징 ... 140
   아마존 ... 140
   라자다 ... 143
   이베이 ... 147
   큐텐 ... 149
   해외 구매대행(국내 판매) ... 151
영어는 못해도 된다 ... 154
오프라인 시장과 글로벌셀러, 그리고 소문난 맛집 ... 158

PART 05 / 대량 등록은 독이 든 성배다 ... 168

PART 06 / 이것은 사업이다 ... 186

무엇을 팔고 싶은가 ... 189
주력 상품을 만들자 ... 192
내 스토어를 백화점으로 만들자 ... 194

PART 07 / 디지털 노마드, 워라밸(Work-life Balance) ... 198

PART 08 / 글로벌셀러와 이카루스 ... 204

EPILOGUE ... 214

글로벌셀러 각오 다지기

글로벌셀러?

글로벌셀러는 말 그대로 해외 오픈마켓 등에 진출하여 상품의 판매를 업으로 합니다. '글로벌셀러'라는 용어는 이베이에서 만든 것으로 알려져 있습니다.

정말 간결하고 목적을 명확하게 드러낼 만큼 용어를 잘 만들었다고 생각합니다. 그러나 시간이 지남에 따라 글로벌셀러의 용어는 많이 희석된 것 같습니다.

단순히 필자의 생각입니다만, 이베이 마켓 특성으로 볼 때 국내의 상품을 만드는 제조 업체, 유통 업체 등에서 전 세계의 소비자에게 판매를 목적으로 했을 것입니다.

요즘은 글로벌셀러라는 용어를 구매대행에 관해 교육하는 업체에서 훨씬 더 많이 쓰는 것 같습니다.

아마 글로벌셀러에 관심을 갖는 여러분도 구매대행 방식으로 관심을 두는 분들이 상당히 많을 것으로 생각됩니다.

그러면 글로벌셀러에 관심을 둔 여러분은 어떤 상품을 어떠한 방식으로 판매하고자 하나요?

제조 업체나 유통 업체, 사입하여 국내에 판매 중인 분들의 경우에는 입점하고자 하는 오픈마켓의 시스템과 마케팅 부분에 집중하면 됩니다.

필자가 걱정하는 대부분은 구매대행 방식으로 판매를 하고자 글로벌셀러에 대해 관심을 두는 사람들입니다. 요즘은 글로벌셀러에 대한 정보, 학원 등을 통해 조금만 검색을 해봐도, 상품을 중개함으로써 수수료를 목적으로 한 일종의 '중개업'을 뜻하는 대명사로 쓰이는 것 같습니다.

글로벌셀러는 광범위한 용어이기 때문에 이러한 형태도 포함하고 있으므로 틀린 말은 아닙니다. 분명한 것은, 글로벌셀러라는 용어는 '구매대행업'만을 지칭하는 것은 절대 아닙니다. 포괄적인 개념입니다.

이 책 또한 구매대행 방식으로 글로벌셀러를 하고자 하는 분을 대상으로 한다는 점을 다시 한번 알려드립니다. 어떤 형태로든 자기의 상품이 있다면 무조건 해외 판매를 도전해 보는 것을 권합니다.

여러분은 왜 글로벌셀러에 관심을 갖게 되었나요?

대부분 몇 가지 이유가 있습니다. 먼저, 돈이 필요해서 더 벌기 위해서 입니다. 그래서 이런저런 정보들을 읽다 보니 그 중에서도 글로벌셀러가 눈에 띄었을 겁니다.

글로벌셀러의 장점들로 인해 이에 대한 정보를 집중적으로 검색하고, 찾았거나 찾는 중일 것입니다. 찾은 정보 중에서는 '무자본'이란 말이 가슴에 와 닿았을 것입니다.

크게 어렵지 않은 일, 사장이라는 직함, 자유, 누구의 간섭도 받지 않는 점, 이러한 것들 때문에 시간이 지날수록 글로벌셀러에 대한 관심과 자신감이 증폭됩니다. 늘어난 관심으로 인해 점점 더 마음은 조급해지고, 전업이나 부업을 당장 고려할지도 모릅니다.

본인이 갖고 있는 상품이 있다면 과감히 글로벌셀러에 도전하라고 다시 한 번 권합니다. 상품을 갖고 있다는 것은 제조 업체, 유통 업체, 또는 사입을 통해 판매 중인 본인의 상품을 갖고 있는 셀러만을 한정합니다.

당연히 본인의 상품이 있다면, 좁은 국내만으로 한정 지을 필요 없이 해외 판매를 적극적으로 해보는 것이 좋습니다. 인력과 시간이 된다면 마케팅 방법 등을 통해 상품의 노출과 경쟁 상품과의 차별성을 보일 수 있는 여러 방법을 생각하면 좋습니다.

누구에게나 목표가 있습니다. 여러분도 과거에 그렸던 목표가 있었습니다. 노력의 방향성은 일정하고, 목표가 그 사람의 삶을 이끕니다. 결과는 논외입니다.

이런 이야기를 꺼낸 이유가 있습니다. 무슨 이유에서든 시작은 중요합니다. 젊을수록 그 경향은 뚜렷합니다. 실패해도 하고 싶은 일을 준비하고 도전하는 명확한 이유가 있습니다. 명확한 이유가 있다는 것은 그 사람의 각오와 열정이 준비되어 있다는 말이기도 합니다.

나이가 들수록, 그 목표는 퇴색되고 단지 금전적 이유를 쫓아 다른 직장을 구하거나 다른 사업을 시작합니다. 잘못된 것은 전혀 없습니다. 당연한 일입니다. 그러나 서로 간 명확한 차이가 있습니다.

각오와 열정, 인내의 차이입니다. 그렇기 때문에 어떤 일이든 시작에 앞서 목표는 설정되어야 하고, 충분한 노력과 각오, 앞으로 겪게 될 고통에 대한 인내도 확인해야 합니다.

글로벌셀러를 하고자 한다면 더욱 중요한 부분이라고 생각합니다. 부양가족이 있는 경우에는 고정 비용에 대한 압박이 상당하기 때문에 각오가 더욱 필요합니다.

여러분은 각종 정보를 통해 글로벌셀러의 이상적인 부분을 다양하게 접했기 때문에 그 이면을 찾으려고 하지 않을 것입니다. 물론 찾으려고 해도 찾기 힘듭니다.

장점들로 열거된 정보로는 좁은 시야로 글로벌셀러를 바라보게 됩니다. 지극히 긍정적인 많은 정보들로 인해 마음은 벌써 기울어 지게 되고, 점점 조급한 상태로 변할지도 모릅니다. 글로벌셀러의 이면을 들여다보지 않으면, 막상 접하게 될 상황으로 심한 고통을 겪게 될 수도 있고, 포기할 수 있는 상황에 놓일 수도 있습니다.

이런 상황들을 어느 정도 이해하고 시작하더라도 금전적, 정신적, 육체적 고통은 어쩔 수 없이 직면하게 됩니다. 이런 부분을 예상하고 시작한다면 충분한 각오를 다졌기 때문에 많이 힘들지만 버틸 수 있고, 한 걸음 나아갈 수 있는 여력이 있습니다.

모르고 시작한다면 어떨까요? 기대했던 것과는 너무나도 다른 상황들로 인해 글로벌셀러에 대해 가졌던 희망들이 산산조각 나버립니다. 이렇게 되는 시간은 그리 오래 걸리지 않습니다. 결국 시간만 낭비한 셈이 됩니다.

요즘은 글로벌셀러를 양성하는 학원과 교육하는 많은 곳에서 장점만을 부각시킵니다. 교육하는 곳도 결국 이윤을 추구하는 회사입니다. 많은 사람들을 모집하여 이윤을 남겨야 합니다. 물론 그렇지 않은 곳도 있지만 이윤 추구는 회사의 당연한 목표입니다.

이러한 곳에서는 셀러 교육 모집을 위한 마케팅 수단으로 장점을 부각시키는 것이 당연합니다. 그런 말이 틀린 것은 아닙니다. 하지만 구매대행 방식의 모든 셀러는 반드시 거쳐야 하는 힘든 것들이 있습니다.

그런 부분을 언급해 주는 곳도 있으나, 대체로 큰 비중을 실어 이야기하지는 않습니다. 그렇기 때문에 여러분은 최대한 현실을 직시하여 냉철히 자기의 상황을 확인하고 비교한 다음에 선택해야 합니다. 그래야 시간과 비용의 낭비를 줄일 수 있습니다.

글로벌셀러는 팔릴 만한 상품을 소싱해서, 오픈마켓에 상품을 리스팅한 후 고객의 각종 CS(고객서비스)와 주문 접수, 상품 배송 처리 등의 업무를 통해 배송 완료된 상품의 정산으로 업을 유지합니다. 쉬워 보이고, 충분히 할 만한 사업처럼 보입니다.

각 단계별로 쉬운 것도 있고, 어려운 것도 있습니다. 어려운 부분 위주로 설명하겠습니다.

셀러들의 가장 큰 고민은 '아이템 소싱'입니다.

필자도 그랬고, 여전히 고민 중이며, 대부분 셀러들의 고민입니다. 처음에는 판매할 것이 굉장히 많아 보였고, 리스팅하면 당장이라도 팔릴 것만 같았습니다. 상품 리스팅 시작과 동시에 아이템 소싱에 대한 스트레스가 찾아왔습니다. 도대체 무엇을 팔아야 할 지 몰랐습니다.

이것이 대부분 셀러의 고민이었다는 것은 나중에야 알게 되었습니다. 분명 팔 것은 많은데, 무엇을 팔지에 대해 각종 인기 브랜드, 상품 등 많은 검색을 했습니다. 인기 브랜드나 상품은 다른 셀러와 가격 경쟁력 하나만으로도 판매가 힘들다는 것을 알게 됩니다.

상품을 찾아도 경쟁력에 밀려 다른 상품을 찾는 일을 계속 반복하며 시간을 소비하게 됩니다. 도대체 어떤 상품을 팔아야 하는지 스스로에게 물음이 찾아옵니다. 주위에는 온갖 상품이 있는데, 이런 저런 이유로 마땅히 팔게 없어 보입니다.

리스팅을 해도 판매 여부는 미지수인데, 리스팅은커녕 소싱 조차 못해 정신은 혼란스럽고 마음은 초조해지기 시작합니다.

어렵게 상품을 찾아 리스팅해도 여러분의 마켓에 리스팅되어 있는 상품은 많지 않습니다. 특별한 경우를 제외하고 이 정도의 상품으로는 바라는 수익에 현저히 미치지 못합니다. 당연합니다. 기본적으로 오픈마켓에 팔린 상품의 수가 어느 정도는 세팅이 되어야 합니다. 그리고 꾸준히 상품이 리스팅 되어야 합니다.

그리고 팔릴 상품이어야 하며, 제대로 리스팅 되어야 합니다. 이렇게까지 팔릴 상품을 찾는 것이 힘듭니다. 또 이 부분을 해결해도 찾는 것부터 시작해서 제대로 리스팅하는 것까지 시간이 많이 소요됩니다. 어느 하나 쉬운 것이 없습니다.

그러나 이렇게 팔릴 만한 상품들이 쌓이게 되면 부업 수준 이상으로 이익을 얻을 수 있습니다. 그만큼 중요한 작업들입니다.

여러분의 좋은 감각으로 팔릴 상품을 리스팅했다면, 그 상품은 소비자만 보는 것이 아닙니다. 같은 셀러들도 보고, 유통업자들도 보고 있습니다.

상품의 판매 가능성이 확인되면 다른 셀러들은 단가를 낮춰 그 상품을 리스팅할 것이며, 유통업자는 사입할 지도 모릅니다.

분명 팔릴 상품을 리스팅했지만, 일정 기간 동안 판매 후 주문이 끊기는 것을 확인할 수 있습니다. 이때부터는 이 상품을 판매하는 다른 셀러들이 붙은 경우이며, 단가 경쟁이 벌어지게 됩니다. 만약 사입한 셀러나 유통 업체가 있다면, 가격에서 십중팔구 밀리기 때문에 해당 상품의 판매는 포기해야 합니다.

이러한 부분을 고려했을 때 끊임없이 시간을 투자하여 지속적으로 상품을 찾아 리스팅 해야만 매출을 유지할 수 있습니다. 구매대행 셀러는 최하계급입니다. 내가 가진 상품도 없습니다.

그렇기 때문에 매출을 유지하려면 필연적으로 상품을 지속적으로 소싱하고 리스팅하는 작업을 해야만 합니다. 다시 말하지만, 글로벌 셀러는 매출 상승과 안정적 매출을 위해 지속적으로 팔릴 상품을 제대로 찾아 끊임없이 '리스팅'해야 합니다.

사업 초기에는 팔릴 상품의 수가 적어 매출이 적습니다. 이후 많은 시간을 할애하여 상품을 리스팅해 수익이 늘기 시작하면, 그것을 유지하고 매출 상승을 위해 지속적으로 팔릴 상품을 찾아 리스팅해야 합니다.

이렇듯 매 순간마다 많은 노력이 필요합니다.

글로벌셀러는
아름다운 직업인가?

글로벌셀러의 또 다른 이면에 대해 알아야 할 것들이 있습니다. 앞과 비슷한 이야기일 수도 있습니다. 글로벌셀러의 진입 장벽은 매우 낮은 편입니다. 사업의 진입 장벽이 낮으면 낮을수록 반대로 포기할 가능성이 높다는 말이기도 합니다.

포털 사이트에서 '글로벌셀러'를 검색하면 많은 정보를 쉽게 얻을 수 있습니다. 그 많은 정보가 한결같이 무자본, 무재고로 창업이 가능하다고 하며 쉽게 관심을 끌게 만듭니다.

마음을 사로잡는 말이 아닌가요? 필자가 전업을 선택한 이유 중 크게 차지하는 부분이었기도 합니다. 그 당시엔 무지했고, 알려주는 사람도 없었기 때문에 그랬습니다.

직원이 아닌 사장으로 일할 수 있으며, 자유분방한 듯 보이고, 나의 마켓에 올릴 상품은 온갖 곳곳에 있으니 왠지 나라면 잘 팔 수 있을 것만 같은 기대감도 선택하는 데 한몫할 것입니다.

뭐니 뭐니 해도 '무자본'이라는 글자가 머리에 강력하게 새겨집니다. 필자도 그랬습니다. 무자본 창업에 대해서는 일정 부분 동의합니다. 그러나 비용을 들여 교육을 받는 순간, 무자본 창업은 아닌 게 됩니다.

실상은 무자본으로 글로벌셀러를 하기 쉽지 않습니다. 카드 정산일과 오픈마켓에서 정산하는 날의 시간차와 고정 비용으로 인해, 카드 결제 비용의 부족으로 대출이나, 모아둔 돈을 써야 하는 일이 생기게 됩니다.

소위 '돈맥경화'라는 것이 발생합니다. 순이익이 고정 비용보다 작거나, 순이익이 필요한 고정 비용을 넘어섰음에도 카드 결제일과 정산일의 시간차로 인해, 결제 금액 부족에 시달리는 현상이라고 이해하면 됩니다.

카드 한도는 기회가 되면 가능한 한 늘려놓는 것이 좋습니다. 이 사업에서 필수적인 부분입니다.

매출이 늘어간다는 것은 분명 기분 좋은 일이지만, 카드 비용을 메우기가 힘들어 집니다. 카드 비용을 메우기 위해 본인의 자본은 계속 줄어듭니다. '이게 무슨 소리냐' 궁금할 것입니다.

'이익이 생기는데 자본이 줄어든다고?' 이 궁금증은 이후 다시 설명하겠습니다. 여러분에게도 매월 지출되는 고정 비용이 있다는 것을 잊지 말아야 합니다. 매출이 지속적으로 늘었다가 유지되기를 반복한다는 가정하에, 개인차가 있겠지만 1~2년 정도 지나야 비로소 정산금과 카드값이 비슷해질 것입니다.

셀러를 시작하게 되면 누구나 반드시 거치게 되는 과정입니다.

만약 돈맥경화 때문에 그때마다 대출을 하면, 이것을 탈출하는 시기는 더 늦어집니다. 대출 이자도 무시 못합니다. 이러한 이유들로 무자본이라는 말에 대해 필자는 동의하지 않습니다.

무자본 창업도 가능하고 카드 결제일과 정산일 간의 시간차가 없고, 고정 비용, 강의 비용 등을 고려하지 않는다면 무자본이라는 말도 틀린 말은 아닙니다.

하지만 실제 셀링과 생활을 모두 고려해야 하는 입장에서 보면, 현실과 동떨어진 부분입니다. 글로벌셀러를 시작하기 앞서, 각종 교육 비용과 그에 따른 부수적인 비용도 필요한 자본이라는 뜻입니다.

그리고 운영에는 매입 비용 등 분명히 자금이 필요합니다. 셀링 교육 업체에서는 홍보적 수단으로 다른 사업에 비해 무자본 창업과 실패해도 금전적 손실이 거의 없는 부분을 강조하고, 카드 결제일과 정산일 간의 시간차를 무시한 채 이론만으로 쓰고 있습니다. 이론과 실제는 엄연히 다릅니다.

여러분은 이론적으로 글로벌셀러를 하는 것이 아닙니다.

무재고 판매에 대한 부분은 필자도 공감합니다. 무재고 판매를 해도 원하는 매출까지 가능할 것 같습니다. 그렇지만 그 이상의 수준으로 끌어올리기는 쉽지 않습니다. 좋은 상품을 찾으면 언제나 소비자 가격으로 구입해서 판매가 가능할까요? 다른 셀러들과 유통업자들은 바보가 아닙니다.

각자 들어간 오픈마켓에도 유통업자들과 다른 셀러들이 많이 진입해 있습니다. 어떤 셀러의 특정 상품이 잘 팔린다고 하면, 유통업자는 더 낮은 단가로 그 상품의 사입을 할 수도 있습니다.

유통업자는 본인의 위험 없이 상품성을 다른 셀러들을 통해 확인할 수 있습니다. 먹이 사슬로 비유하자면, 무재고로 판매한다는 것은 모든 위험에 노출되어 있는 최하위 계층입니다.

유통업자라는 포식자가 항상 있습니다. 인기있는 상품은 사입을 고려해야 하는 이유이기도 하고, 본인의 사업이 성장하는 계기가 되기도 합니다. 이것보다 더 힘든 부분은 같은 셀러들 때문입니다.

판매가 잘 되는 상품에는 다른 셀러들도 따라붙습니다. 이때부터는 단가 경쟁이 시작됩니다. 언젠가 본인의 인기 있는 상품을 다른 유통업자나 다른 셀러가 사입하여 판매하기 시작한다면, 다시 다른 상품을 찾아야 합니다.

이러한 상황이 매번 반복되기 때문에 지속적인 노력이 필요합니다. 그렇지 않다면 안정적인 매출은 힘들다고 보면 됩니다. 그렇다고 해서 시작부터 사입하면 안 됩니다. 해당 상품의 안정적인 판매를 확인한 경우에만 사입을 고려해 볼 수도 있다는 것입니다.

글로벌셀러를 선택하고, 이 세계에 뛰어든다면 그만큼 각오는 해야 합니다. 셀러를 선택하고 많은 수의 사람들이 6개월 이내에 포기합니다. 이유는 매출입니다. 본인이 생각한 매출과 실제 매출의 차이가 너무 큰 나머지 실망하는 것입니다.

정작 나의 노력은 몇 개월 동안 밤낮으로 쉬는 날 없이 했음에도 불구하고 결과는 처참합니다. 여러분은 이것을 감당할 수 있나요? 부양할 가족이 있거나 매월 일정 고정 비용이 있어야만 생활이 가능하다면 더욱 감당하기 힘들 것입니다.

진입 장벽이 낮기 때문에 입문하는 사람들은 많지만, 노력한 만큼의 성과가 나오지 않아서 실망감으로, 또는 금전적으로 생활이 힘들어 포기하는 사람들이 속출합니다.

그리고 이를 시작한 여러분에게는 당장 주어진 자유가 거의 없을 것입니다. 자유가 생기거나 지속적인 노력의 양이 줄어들면 매출은 떨어질 것입니다.

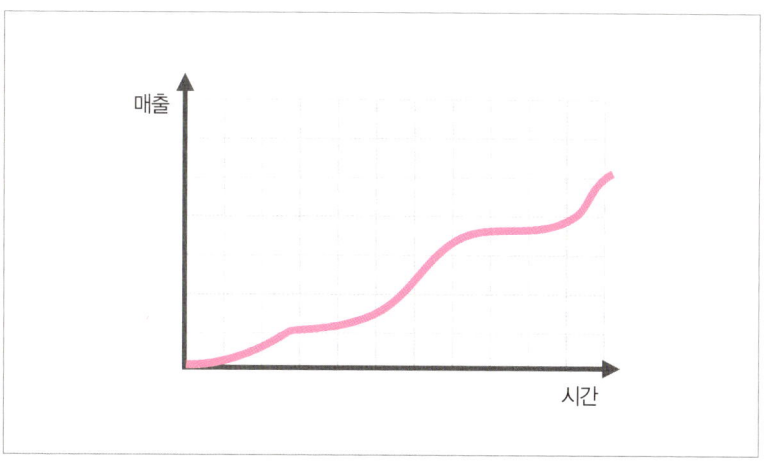

매출과 시간의 그래프(지속적인 노력과 제대로 팔릴 상품을 리스팅한 경우)

여기까지 글을 읽었다면, 글로벌셀러를 하지 말라고 하는 것처럼 느낄 수 있습니다. 필자가 이렇게까지 이야기하는 이유는 그만큼 시작하는 마음이 중요하기 때문입니다.

다른 주제를 가지고 글로벌셀러에 대해 좋은 말들만 나열해 놓을 수도 있습니다. 그렇게 하지 않는 이유는 필자 역시 글로벌셀러의 좋은 점만을 나열한 책과 정보를 통해 이 세계에 발을 들였다가, 너무 힘든 고통이 따랐기 때문입니다.

글로벌셀러에 관심을 두었다면, 그 이면까지 확인해야 합니다. 그래도 하고자 한다면 최소한 피나는 노력과 금전적, 정신적인 고통을 버틸 각오로 하기 바란다는 것입니다. 분명 글로벌셀러 사업에는 장단점이 있습니다.

많은 곳에서 좋은 점만 부각시키기 때문에, 쉽게 셀러에 도전을 하고, 많은 사람들이 포기하는 일이 발생합니다. 포기하는 사람의 입장에서는 그만큼의 비용과 시간을 허비한 것입니다. 안타까운 일입니다.

구매대행 방식으로 글로벌셀러를 하고자 하는 여러분에게 꼭 말하고자 하는 부분은 글로벌셀러의 힘든 점을 충분히 알고, 현재 본인의 상황이 어떤지를 냉철히 돌아보고 선택했으면 합니다.

특히 전업을 고려한다면 더욱 그렇습니다.

구매대행 방식의 글로벌셀러는 모든 면에서 쉽지 않습니다. 그렇기 때문에 하기로 마음 먹었다면, 많은 노력은 기본이고 금전적, 정신적, 시간적 인내가 필요하다는 것을 잊지 않기 바랍니다.

글로벌셀러는 무자본으로 가능한가?
- 돈맥경화

글로벌셀러는 무자본이라는 말을 많이 접했을 텐데, 어떻게 보면 틀린 말은 아닙니다. 셀러를 시작할 때 돈이 들어가지 않는 것이 사실입니다.

하지만 필자는 강의할 때 무자본이 아니라고 말합니다. 무자본이기 위해서는 시작부터 돈이 들지 않아야 하고, 운영도 다른 자금의 투입이 없어야 한다고 생각합니다. 단지 다른 사업에 비교하면 자본은 비교적 적은 것은 틀림없습니다.

하지만 셀러를 하기 위해 비용을 들여 교육을 받는 순간 무자본이라는 말은 성립될 수가 없습니다.
'돈맥경화'의 예를 보면 무자본이 아님을 조금 더 쉽게 이해할 수 있습니다. 매입 물품의 카드 결제일과 오픈마켓 정산일 사이의 공백으로 인해 자본이 필요합니다.

그리고 자신이 바라는 매출이 되기까지 시간이 필요합니다. 사람마다 차이가 있기는 하지만, 전업 기준으로 봤을 때 셀러로 자리잡기까지 약 1~2년 정도 소요됩니다. 더군다나 초기 몇 개월 동안은 수입이 거의 없다고 생각하는 편이 좋습니다. 실제로 그렇기 때문입니다.

수입이 없는 이 기간을 감당할 수 있나요?

특히 전업으로 생각한다면 더욱 그렇습니다. 부업이라면 그나마 다행일지 모릅니다. 그러나 부업으로 시작했을 때는 훨씬 더 오랜 시간의 투자와 지속적인 노력과 자기 관리가 없다면, 수익 여부와 상관없이 포기하는 경우가 많습니다. 오히려 여기에 쏟아 부은 시간과 노력이 낭비가 됩니다.

지속적인 노력을 토대로 팔릴 상품을 제대로 리스팅하게 되면 점점 매출이 상승합니다. 매월 매출이 어느 시점까지 계속 커지게 되면서 갑작스럽게 상승하는 때가 옵니다.

분명 좋은 일입니다. 그러나 매출 상승이 계속될수록 금전적 스트레스를 겪기 시작합니다. '셀러로서 온갖 노력과 시간을 투자하여 견디다 본격적으로 결실을 거둘 시기에 기뻐하는 것도 잠시, 금전적 스트레스라니' 왜 그럴까요?

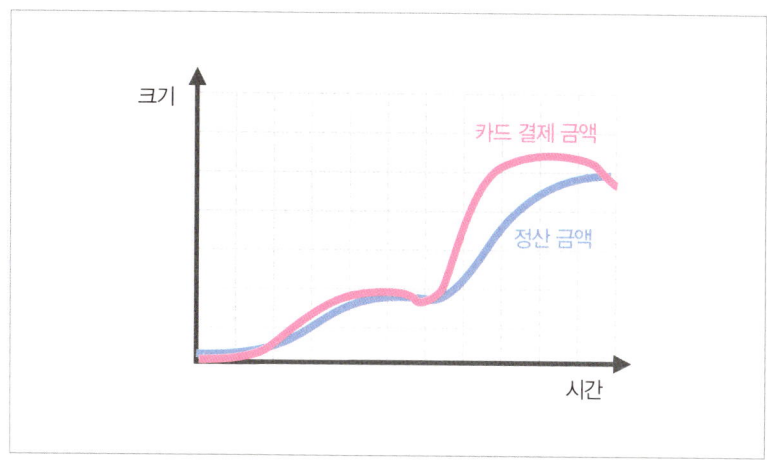

돈맥경화 그래프

매월 지출되는 고정 비용과 함께 생각해 보겠습니다.

주문된 상품의 정산, 카드 결제일 간의 시간 차이, 고정 비용, 순이익과의 차이로 생기는 현상입니다. 별도의 자금을 모아두지 않았다면, 매달 결제일마다 대출을 해야 합니다. 분명 장부상에서는 매출과 이익이 늘어가고 있지만, 통장 잔고는 0이 되고 오히려 대출까지 받게되니 금전적으로 힘들어집니다.

순이익이 고정 비용보다 작거나, 고정 비용을 넘어있음에도 카드 결제일과 정산일과의 시간차로 결제 금액의 부족에 시달리는 현상이라고 이해하면 됩니다. 이를 '돈맥경화'라고 표현합니다.

고정 지출과 순이익과의 차이가 클수록 돈맥경화는 심화됩니다. 돈맥경화는 고정 비용이 없다는 전제하에 매출 상승(순이익 상승)에 맞춰 비슷한 시기에 발생합니다.

고정 비용이 없다는 말은 투잡으로 셀러를 하면서 본업으로 충분히 고정 비용을 상계시킬 수 있는 상황으로 보면 좋습니다.

이러한 현상이 길게는 1~2년까지 지속적으로 발생합니다. 위 그림은 약간의 과장이 있지만 대체로 저러한 형태를 띱니다.

매출 상승, 즉 순이익이 큰 폭으로 증가해도 돈맥경화를 예상하여 본인의 지출을 최대한 줄여야 합니다. 순이익이 많이 남는다고 지출이 늘어나는 순간, 다가오는 카드값 결제가 힘들어 질 수 있다는 것을 알아야 합니다.

돈맥경화는 매출의 상승과 함께 오는 형태입니다. 안정적인 매출 유지와 순이익이 고정 비용을 넘어선 상태로 일정 기간 동안 계속 유지되어야 돈맥경화가 조금씩 줄어드는 형태가 됩니다. 크로스 오버가 되는 시점은 1~2년 정도로 개인차가 발생합니다.

크로스 오버가 일어나기 전까지는 매출이 지속적으로 상승하더라도 미리 지출을 최대한 아껴야만 이 시점을 조금이나마 당길 수 있습니다. 당연히 매월 고정 비용이 많이 들어갈수록 이 시점은 더 늦어지게 됩니다.

카드 결제일 25일 기준으로 예를 들어 보겠습니다. 전월 13일부터 당월 12일까지 사용한 카드 결제일이 25일입니다.

① 6월 1일부터 글로벌셀러 시작

② 6월 1일부터 7월 12일까지 건당 판매가 5만원(매입가 3만원, 배송비 1만원, 마진 1만원), 일별 주문건수 10건, 일별 총 매입가 40만원(건별 배송비 1만원 포함), 일별 총 매출 50만원, 일별 마진 10만원

③ 오픈마켓 정산일은 판매일로부터 한달 뒤

④ 6월 1일 통장 잔고 0원

⑤ 다른 고정 지출 없음

6월 1일부터 6월 12일까지의 총 매입가는 12일×40만원=480만원, 총 마진 12일×10만원=120만원입니다. 6월 25일에 결제할 금액은 480만원이며, 통장 잔고가 없기 때문에 480만원은 대출받아야 합니다.

정산은 7월 1일부터 7월 12일까지 600만원 받고, 대출받은 480만원은 상환하여, 통장 잔고는 120만원이 됩니다.

6월 13일부터 7월 12일까지 총 매입가는 30일×40만원=1,200만원, 총 마진 30일×10만원=300만원입니다. 7월 25일(카드 결제일)까지 통장 잔고는 6월 1일부터 6월 25일까지의 정산금이 될 것이며, 나음의 금액이 될 것입니다.

6월 1일부터 6월 12일까지의 정산금 600만원 중에서 6월 25일 카드값을 결제하고 남은 금액 120만원과, 6월 13일에서 6월 25일까지의 정산금 650만원을 합한 금액인 770만원입니다.

7월 25일에 결제할 금액은 1,200만원입니다. 오픈마켓 판매일로 한 달 뒤에 정산한다고 가정했기 때문에, 6월 26일에서 7월 12일까지의 판매 정산금은 7월 25일 카드 결제일을 지나야 받게 됩니다. 그러면 이전의 정산금 잔고와 6월 13일부터 6월 25일까지의 판매 대금의 정산금으로 7월 25일에 카드값을 결제해야 합니다.

6월 13일부터 6월 25일(일수 13일)×50만원＝650만원(마진 130만원 포함)입니다. 6월 12일까지의 정산금을 쓰지 않고 모으면, 670만원으로 7월 25일에 결제해야 합니다. 530만원이 부족한 상황이기 때문에 다시 대출해야 합니다.

위 상항이 어떻게 느껴지나요?

6월부터 글로벌셀러를 시작하였다는 가정하에, 6월 한달 동안의 순이익은 300만원입니다. 첫 시작부터 이 정도 수익이면 대박입니다. 카드 결제일과 정산일 차이로 인해 6월의 수익은 하나도 쓰지 않고 그대로 모아서 7월의 카드 비용으로 내야 합니다.

그럼에도 2달 연속 대출해야 하는 상황이 발생하였습니다. 다른 고정 비용이 없고, 어느 정도의 통장 잔고가 있었음에도 돈맥경화가 발생한 것입니다. 첫 달 수익으로 분명 300만원이 발생했는데, 체감상으로는 전혀 느낄 수 없습니다.

실제로 우리는 의식주 해결을 위한 고정 비용이 당연히 있습니다. 고정 비용을 고려한다면, 여러분은 감당할 수 있나요?

필자의 경우 순이익이 늘어나고, 고정 비용과 순이익 간의 차이를 줄여가며, 카드 결제일에 항상 현금이 부족해서 대출로 막고 정산금으로 다시 갚는 형태를 반복했습니다. 시작한 시점부터 특정 기간까지는 매월 대출금액이 계속 올라가다가 어느 시점에서 조금씩 줄어들기 시작했습니다. 장부 상에는 이익이 있지만, 계좌에는 늘 현금이 부족해 대출로 막는 것이 새로운 고정 비용으로 포함되면서 오랫동안 힘들었습니다.

셀러의 가장 큰 기쁨은 지속적인 매출 상승입니다. 그렇지만 이러한 매출 상승의 이면에는 돈맥경화가 항상 대기하고 있습니다. 웃기지만 슬픈 상황입니다.

전업이나 부업을 고려하는 여러분은 어떤 생각이 드나요? '모르는 것이 약이다'라는 심정으로 글로벌셀러를 선택했다면, 지금까지 알려준 상황들을 단계적으로 직면할 것입니다. 전업으로 뛰어들었다면 정말 혼란스러운 상황으로 느껴질 것입니다.

여러분은 이런 상황들을 예상했나요? 세상에 쉬운 일이 없습니다. 글로벌셀러 역시 쉽지 않은 일입니다. 힘든 일인 것은 틀림없지만, 글로벌셀러라는 사업이 분명 매력적인 것이라고 생각합니다.

이렇게 힘들고, 꾸준한 노력과 온갖 힘든 상황을 겪고 이겨냈을 때 비로소 글로벌셀러라는 사업은 여러분을 진정한 디지털 노마드로 만들어 줄 것입니다. 아직도 관심이 있다면, 노력과 인내의 각오를 더욱 다지길 바랍니다.

글로벌셀러
부업일까? 전업일까?

글로벌셀러를 시작할 때 부업으로 해야 하나, 전업으로 해야 하나 고민합니다. 분명 장단점은 존재합니다.

필자는 전업으로 시작했습니다. 그리고 3개월 간의 암흑기로 들어가게 되었습니다. 한 개도 팔리지 않았기 때문입니다. 물론 여기에는 개인차가 존재합니다.

어떤 분은 마켓에 아이템을 리스팅하고 몇 주 지나지 않아 주문이 들어오고, 어떤 분은 수 개월이 지나도 주문이 들어오지 않습니다. 물론 분석해본다면 이유는 찾아낼 수 있습니다. 하지만 우리에게 중요한 것은 돈을 버는 것입니다. 전업으로 시작했는데 한동안 소득이 없다면 힘들어질 것입니다.

매달 공과금, 보험료, 월세, 대출금 상환 등 나가는 돈은 있는데, 셀러 사업으로 몇 개월 동안 수입이 없다면 얼마나 힘들까요? 정신적으로나 육체적으로나 압박감에 쌓일 수밖에 없습니다. 그렇게 되면 자연스레 빛을 보기 전에 포기하게 됩니다.

개인으로 봤을 땐 당장의 소득이 중요하고, 사업을 할 때 자본력이 제일 중요합니다. 자금력은 사업에 대한 투자일 수도 있지만, 가장 큰 목적은 이 사업에 전념할 수 있도록 환경적인 부분을 자금으로 채울 수 있기 때문입니다.

자본력이 없다면 계속 돈 때문에 힘들 수밖에 없습니다. 집에서 숨만 쉬어도 돈은 들기 때문입니다.

'왜 안 팔리지' '한달 동안 어느 정도는 팔려야 먹고는 살 수 있을 텐데' 전전긍긍하게 됩니다. 그러면 시야가 좁아지게 되고 정신적으로도 여유가 없어집니다. 그러한 상태에서 보이는 아이템과 리스팅의 퀄리티는 떨어질 수밖에 없습니다.

하지만 전업으로 하게 되면 내가 마켓에 집중하고 투자하는 시간이 늘어나게 됩니다. 투자하는 시간이 늘어났다는 건, 마켓에 올라갈 아이템이 그만큼 많아진다는 뜻이기도 합니다.

아이템을 구하러 다니기 위해 마음껏 시간을 투자할 수 있습니다. 아이템 하나 하나에 좀 더 품질을 높일 수 있습니다. 힘들거나 지칠 때 마음대로 시간을 투자해서 리프래쉬할 수 있는 시간을 가질 수 있는 장점도 존재합니다.

그래도 이제 시작하는 일반 개인 셀러라면 부업을 추천합니다. 부업으로 하게 되면 전업의 장점을 살릴 수 없게 됩니다. 아이템을 소싱하기에는 직장 때문에 여유가 없습니다.

퇴근하고 집에 들어오면 7시나 8시, 씻고 저녁 먹고 나면 9시, 잠깐 쉬다 보면 어느새 10시가 되어 있습니다. '내일 출근하려면 12시에는 자야 하는데' 잠깐 2시간 바짝 셀러 업무를 하려 해도 생각보다 쉽지 않습니다. 피곤하기 때문이죠. 그렇게 피곤함을 이겨내고 바짝 일을 해도 전업만큼 시간을 투지하지 못하기 때문에 이이뎀 소싱할 여유나 리스팅되는 개수도 전업에 비해 현저히 떨어집니다.

그만큼 전업에 비해 매출이 적을 수밖에 없습니다. 절박함도 전업에 비해 많이 약하기 때문에 '해야 된다'는 동기 부여도 약할 수밖에 없습니다. 하지만 꾸준히 들어오는 소득이 있습니다. 월급 하나만으로도 위에 나열된 단점을 상쇄할 수 있습니다.

글로벌셀러는 시간 싸움입니다. 단기전이 절대 아닙니다. 장기전이고 마라톤입니다. 흔히 마지막까지 버티는 사람이 승리한다고 이야기합니다.

성공한 셀러 선배님들과 자리를 가지면서 많이 들었던 이야기는 '이 세계는 잘하는 사람도 많고 열심히 하는 사람도 많다' '하지만 꾸준히 하는 사람은 없다' '지금 이렇게 잘 먹고 잘 사는 것은 초보로서 정말 힘들 때 이 일을 의심하지 않고 꾸준히 했기 때문이다'라고 합니다.

그때 힘들다고 포기했다면 지금의 나는 당연히 없었을 거라며, 상상도 하기 싫다고 이야기합니다. 왜냐하면 지금은 너무나도 만족스러운 삶을 살고 있기 때문입니다.

필자도 3개월 간 하나도 팔지 못하면서 너무 힘들었지만, 이 일을 계속 하기 위해 다른 곳에서 소득을 내려고 노력했습니다. 거기서 얻어진 금전적인 부분은 셀러를 더 잘하기 위해 투자한 것이 아니라, 계속 셀러 상황을 유지할 수 있는 바탕을 만들기 위함이었습니다.

어느 정도 시간이 지나고 나니 선배들이 왜 그렇게 느꼈는지 충분히 공감하고 있습니다.

물론 언제까지 기약없이 부업으로 셀러 일을 할 수는 없습니다. 본업보다 셀러 소득이 더 커진다면 전업을 계획하고 있다고 이야기합니다. 그건 현실적으로 아주 어렵습니다. 셀러 세계는 시간을 투자한 만큼 벌기 때문입니다.

한 지인은 회사를 다니면서 시작한 셀러 일이 본업보다 더 소득이 나서 전업으로 전향한 경우는 있지만, 그의 스케줄은 그야말로 가혹했습니다.

약 9개월간 퇴근 후 씻고, 밥 먹고, 9시부터 새벽 3시까지 셀러 일을 병행했습니다. 사람도 만날 수 없었습니다. 밀린 주문, CS 처리, 포장, 배송, 새로운 상품 업데이트까지 새벽 3시가 지나도록 처리하지 못한 날도 많았습니다.

물론 처음부터 위의 업무를 하지는 않았습니다. 첫 주문이 오기까지 정말 피나게 상품을 등록했습니다. 전업할 때까지 하루도 거르지 않고 등록했다고 합니다. 이정도 노력을 한다면 분명 본업보다 셀러 일에서 나오는 소득이 더 많아져 전업이 가능할 것이라 생각합니다.

'과연 나는 가능할까?' 고민해봐도 좋을 것 같습니다.

위 성공 사례처럼 하는 건 보통 사람은 쉽지 않습니다. 그래도 언젠간 타협을 해야 하는 시기가 옵니다. 본업보다는 셀러 일이 소득은 적지만, 어느 정도 가능성이 보일 때 과감하게 전업을 해야 됩니다.

셀러 일을 부업으로 계속히게 된다면 아이템이 올라가는 리스팅 숫자도 전업에 비해 밀릴 수밖에 없고, 나중에는 엄청나게 큰 차이가 생깁니다. 그리고 저녁에 업무를 해야 하기 때문에 CS 문제가 계속 쌓이게 되어 아무리 좋은 아이템을 싼 가격에 올리더라도 소비자들은 등을 돌리게 됩니다. 그동안의 노력들이 CS 때문에라도 무너질 수 있음을 꼭 인지해야 합니다.

간이 사업자 vs 일반 사업자

많은 사람들이 사업자를 내기 전에 간이로 해야 되는지, 일반으로 해야 되는지 고민을 하게 됩니다. 인터넷 등의 많은 정보들은 글로벌셀러에겐 일반 사업자가 유리하다고 나와 있습니다. 필자도 인터넷 정보를 보고 일반 사업자로 등록 후 셀러 생활을 시작했습니다. 하지만 느껴본 결과 장단점이 분명히 존재했고, 결과적으로는 간이 사업자가 더 유리함을 알게 되었습니다.

일반 사업자를 추천하는 이유는 부가세 환급과 영세율 적용 때문입니다. 부가세 환급을 받기 위해서는 사무실을 차리거나 회사 업무를 위한 투자가 필요한데, 부가세 환급 대상이 아닌 경우가 많습니다. 되려 부가세 환급을 받더라도 간이 사업자보다 세율이 높기 때문에 환급금보다 더 많은 세금을 낼 가능성이 존재합니다.

차라리 부가세 환급을 받지 못하더라도 간이 사업자로 세금을 덜 내는 것이 더 유리한 상황이 됩니다.

국내 제품이 해외로 발송되어야 영세율 적용이 가능한데, 대부분 국내 제품보다는 해외 제품을 해외에 판매하는 경우가 많고, 구매대행의 경우에도 해외 제품을 국내에 판매하므로 영세율 적용이 불가능합니다.

한국의 제품을 소싱해서 해외에 판매해야 하는데, 많은 교육 업체에서는 국내 제품 소싱의 어려움을 이야기하며 해외 제품을 해외에 판매하는 것을 기반으로 강의하고 있습니다. 한국 제품을 소싱하는 것에 대해 심도 있는 이야기를 해주고, 할 수 있는 방법에 대해 설명해주지 않으며, 하긴 해야 한다는 느낌으로 가기 때문에 모르고 일반 사업자로 무턱대고 발급을 받을 경우 내야 되는 세금이 많아지는 결과를 초래합니다.

간이 사업자의 경우 일정 금액 이하 매출에 대해서는 일반보다 훨씬 낮은 세율을 받으며, 이제 시작하는 셀러에겐 매출 규모가 크지 않아 적합합니다. 당장 한국 물건을 소싱하기에는 어려움이 따르므로 부가세 환급과 영세율 적용이 없거나, 많이 발생되지 않기 때문에 일반을 포기하고 간이 사업자로 발급을 받는 것이 훨씬 유리합니다.

추후 매출이 많이 발생되면 자연스레 일반 사업자로 전환되기 때문에 그 전까지는 낮은 세율로 조금이나마 금전적인 혜택을 보는 것이 좋습니다.

대신 국내 제품을 해외에 파는 것을 목적으로 두고, 국내 제조사나 유통사와의 직접적인 계약을 위해서는 전자세금계산서 발행을 해야 할 경우가 많으므로 이러한 경우에는 일반 사업자를 추천합니다.

그 외 세금에 관한 부분은 인터넷에 나와있는 정보를 맹신하지 말고, 꼭 전문가와 상담을 통해 결정했으면 좋겠습니다. 그것이 조금이나마 세금을 절약하고 제대로 된 신고를 통해 성실한 납부자가 되는 길입니다.

글로벌셀러, 무엇을 해야 할까?

글로벌셀러를 하겠다고 결정했다면, 이제부터 무엇을 시작해야 하는지 조금씩 알아보겠습니다.

글로벌셀러의 성격은 결과가 오랜 시간 뒤에 발생하므로 '롱텀 비즈니스'에 속합니다. 이 점을 항상 생각하며 조급해 하면 안 됩니다. 좋은 성과를 위해서는 노력과 팔릴 상품 소싱, 제대로 상품 리스팅이 되어야 함은 당연합니다.

상품이 팔리지 않는다면, 왜 그런지 분석해야 하며, 팔린 상품은 왜 팔렸는지도 알아야 합니다. 이러한 일들을 반복적으로 해도 좋은 결과가 보장되리라는 법은 없지만, 가능성은 많이 높아집니다.

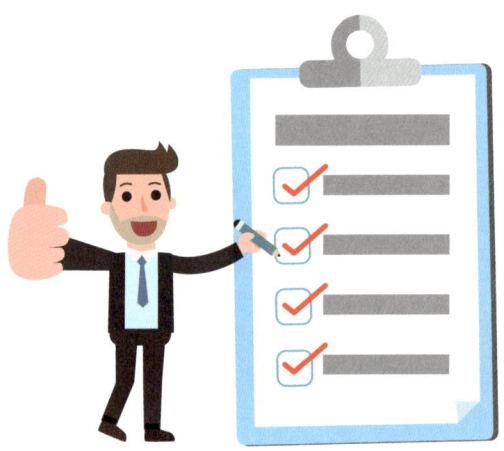

시작 초기에는 최대한 범위를 좁혀 들어가는 것을 추천합니다.

- 판매 방식 : 판매 방식을 어떤 형태로 가져갈지 정해야 합니다. 해외 상품을 국내 소비자에게 판매할 것인지, 국내 상품을 해외 소비자에게 판매할 것인지, 해외 상품을 해외 소비자에게 판매할 것인지 정해야 합니다.

- 카테고리 선택 : 어떤 카테고리를 판매할 것인지 선택합니다. 본인이 좋아하는 아이템이 속하는 카테고리를 선택하는 것을 추천합니다. 다만 초보이기 때문에 리턴의 위험성이 있는 카테고리(사이즈가 있는 상품, 전자 제품, 고가의 상품)는 피하는 것이 좋습니다. 왜냐하면 보통 온라인에서 상품을 구매했다가 사이즈 교환 및 환불의 상황이 벌어지기 때문입니다. 글로벌셀러의 경우 교환은 거의 불가능하므로 리턴을 해야 하며, 리턴은 고스란히 셀러의 손실이 됩니다.

경우에 따라 배송비 정도의 손실이 있을 수 있습니다. 전자 제품은 비교적 고가이며, 전압, 플러그 형태의 차이 등으로 리턴 가능성이 있습니다. 초보 셀러에게 시작부터 고가의 제품 리턴이 발생하면, 멘탈이 심하게 흔들릴 것입니다. 고가의 제품은 추후 언제라도 시도해볼 수 있으니, 초반에는 참았다가 내공이 쌓인 이후에 해도 늦지 않습니다.

- **오픈마켓 선택** : 판매 방식과 카테고리를 정했다면 본인의 마켓을 찾아야 합니다. 몇 개의 마켓으로 범위가 축소되었다면, 소비자 입장에서 해당 마켓의 상품들을 충분히 구경해 봅니다. 이때는 가격과 비슷한 상품군과의 경쟁력을 살펴봐야 합니다.

- **배송업체, 관세, 오픈마켓 수수료** : 오픈마켓을 정했다면, 배송업체의 요율, 관세, 오픈마켓 수수료 등을 알아야 합니다. 상품 가격 책정에 있어 중요한 항목입니다. 처음 시작할 때 가격 책정에서 많이 실수하는 경향이 있으니 이왕이면 엑셀 파일로 미리 만들어 두면 좋습니다.

- **그 외 기타 사항** : 항공 불가 제품, 해당 오픈마켓의 정책, 어떤 카테고리가 판매 금지 품목인지 여부 등을 확인해야 합니다. 이와 별개로 해당 마켓 국가의 문화도 알 필요가 있습니다.

- **사업자 등록, 통신 판매업 신고, 해외 마켓 계정, 회사 국내 계좌, 해외 계좌** : 오픈마켓에 셀러 등록을 위해서는 사업자 등록증을 필요로 합니다. 사업자 등록은 국세청 홈택스(hometax.go.kr)에서 간단히 할 수 있습니다.

구매대행 셀러의 매출은 순이익인데, 첫 해에는 매출 규모가 작습니다. 그렇기 때문에 세금적으로 유리한 간이 사업자로 하고, 업태는 소매, 서비스, 종목은 해외 구매대행, 전자상거래업으로 하여 사업자 등록증을 신청하면 됩니다.

사업자 등록증이 발급되면, 통신 판매업 신고를 하면서 국내 사업자 계좌를 만들고, 필요에 따라 해외 계좌를 만들면 됩니다. 만약, 국내에 화장품을 팔고자 하는 경우에는 화장품 제조판매업 신고를 수입 대행형 거래 유형으로 등록필증을 신청하고 발급받아야 합니다. 그리고 매년 화장품에 대한 교육을 받아야 합니다. 이후 본인이 원하는 해외 마켓에 계정을 신청하고, 해당 마켓의 정산 방법에 따라 국내 계좌 또는 해외 계좌를 연동하면 됩니다.

8시간 일하지 말고
1시간 집중해라

글로벌셀러라는 직업은 일한 시간만큼 마켓에 작업물이 쌓이고, 관리하는 아이템도 많아지게 됩니다. 그것을 기반으로 일한 시간에 비례해서 매출도 상승합니다. 따라서 부업보다는 전업으로 활동할 때 가져가는 소득이 더욱 많아지게 됩니다.

하지만 전업으로 하게 되면 생각과는 많이 다른 본인의 생활 패턴을 알게 됩니다. 분명 '나는 전업이기 때문에 시간이 많으니 열심히 일해서 많은 소득을 내겠나' 다짐하지만 회사 생활과는 달리 점점 늦게 일어나게 되고, 식사도 대충 하게 되고, 대충 일을 하게 됩니다. 그렇다 보니 생각보다 집중이 잘 안되고, 휴대폰으로 게임, 쇼핑, 메신저 등 회사 생활에서 느껴보지 못한 자유로운 환경에 녹아 들어 업무적으로 투자하는 시간은 정말 극히 적어지게 됩니다.

현직 전업 셀러들과 이야기를 해보면, 하루 종일 일하지만 한 시간이면 끝날 일을 8시간 동안 늘려서 하고 있는 사람들이 많습니다. 글로벌셀러에 대한 그들의 만족도는 상당히 낮습니다. 하루 종일 일해도 남는 것이 없다고 푸념하는, 자영업자들의 마음과 같습니다. 그들이 열심히 일을 안 하는 것은 아닙니다. 다만 방법을 모르기 때문입니다.

방송에서 나오던 프로 '골목식당'을 보면, 힘들어하는 요식업계 종사자에게 솔루션을 통해 개선해주고 좀 더 발전하도록 도와주고 있습니다. 계속 보고 있으면 많은 것을 느끼게 됩니다. 여러 가지 문제가 있겠지만 업무적인 효율, 즉 시간 대비 업무 효율이 아주 안 좋은 상황도 볼 수 있습니다.

셀러 업계도 똑같습니다. 많은 경쟁자들과 똑같은 날에 똑같은 하루를 보내고 있습니다. 누구는 하루 종일 일하는데도 인건비도 안나는 경우가 있고, 누구는 간단히 부업으로 하루 두세 시간의 투자로 전업보다 훨씬 더 많은 소득을 내는 경우도 있습니다. 그들의 차이점은 여러 가지겠지만 시간 대비 업무 효율성이라고 생각합니다.

여러 직군마다 시간 대비 업무 효율을 높이는 방법은 다르겠지만, 글로벌셀러로 시간 대비 효율을 가장 극대화할 수 있는 방법은 하루 안에 이뤄내야 하는 목표입니다.

목표 의식이라고 할 수 있습니다. 이 일은 굉장히 외로운 일입니다. 오늘 하루 미래를 위해 잘 해냈는지, 충실한 하루를 보냈는지 알 수 없습니다. 시간이 지나면 본인에 대한 불신으로 다가오며, 장기적으로는 셀러를 그만두게 하는 계기가 되기도 합니다. 이것을 이겨 내기 위해 매일 숙제를 제시하고 이뤄내면서 스스로 업무에 대한 만족감을 심어 줄 수 있습니다.

그 숙제는 쉬워서는 안 되며 매일 나의 한계를 뛰어넘는 것이어야 합니다. 스스로의 노력으로 일궈낸 발전 없이 남이 제시해주는 기준에 나를 맞추는 것은 정말로 위험한 생각입니다.

셀러로서 설정할 수 있는 목표 중 리스팅에 대한 예를 들어 보겠습니다. 많은 사람들이 리스팅을 할 때 시간이 굉장히 오래 걸립니다. 일단 아이템을 찾아야 하고, 그 아이템의 시장성, 판매 가격, 경쟁 상대 분석 등 다양한 차례가 있습니다. 이렇게 되면 하루에 한 개도 못 올릴 수 있습니다.

한달 내내 직장 생활보다 더 열심히 일해도 등록된 아이템의 개수가 적기 때문에 매출은 낮을 수밖에 없습니다. 이렇게 되면 심적인 부담감이 상당해집니다.

조금만 생각을 바꾸면 달라질 수 있습니다. 리스팅은 아이템을 소싱해서 등록하는 행위가 아닌 전산에 익숙해지는 과정이라고 생각해야 합니다. 아이템을 소싱할 때 고민하지 말고, 절대 팔리지 않는 가격으로 판매가를 설정하고 등록해야 합니다. 아직 초보이고, 전산에 익숙하지 않고, 효율적인 업무를 하기엔 모든 면에서 빠르지 않기 때문입니다.

반복적인 작업을 통해 업무적 속도감을 먼저 키워야 합니다. 속도감을 먼저 키우고, 퀄리티는 남는 시간에 더 나은 미래를 위해 별도로 투자해야 합니다.

요식업을 예로 들어보겠습니다. 음식 하나 나오는 속도가 그 매장의 매출에 크게 관여합니다. 영업시간에 음식이 빨리 나와야 테이블 회전이 빨라지게 되고, 규모가 작은 매장에서도 많은 손님을 받을 수 있으므로 그만큼 매출이 늘어납니다.

하지만 주방에서 손이 너무 느리면 음식이 늦게 나가고, 손님이 들어온 이후 테이블에서 보내는 시간이 늘어나게 된다면, 그들의 만족도는 계속 떨어지게 됩니다. 만석이 되고 들어온 손님은 기다리다 지쳐 다른 매장으로 갈 수도 있습니다.

이때 놓친 한 명의 손님이 차지하는 하루 매출은 얼마 안 되지만, 한 달로 계산해보면 꽤 많은 소득을 놓치게 되는 것입니다.

그렇게 영업시간 동안 최대한 빨리 일을 할 수 있게 반복하고, 영업 시간 이후에는 더 나은 매출을 위해 새로운 메뉴 개발 및 음식의 속도감이 아닌 퀄리티를 위해 노력하면 성공하는 길이 되는 것입니다.

많은 셀러들이 영업시간에 기초 준비 없이, 새로운 메뉴 개발(아이템 소싱)에 집중하고, 퀄리티(시장조사)에 집중하다 보니 손님(구매자)을 한 명도 받을 수 없는 것입니다.

제조를 하지 않는 이상 나만의 주력 상품은 없습니다. 그렇기 때문에 초반에는 김밥천국처럼 다양한 제품을 판매해야 합니다.

아직은 하나하나에 집중할 단계가 아닙니다. 다양한 제품을 판매하기 위해서는 그만큼 다양한 상품이 매일 여러 개 등록되어야 하고,

그것으로 손님을 끌어모아 경우의 수를 높여 물건을 판매해야 합니다. 쉽게 생각하면 얻어 걸리는 것입니다.

강제적으로 하루에 올려야 하는 아이템의 개수를 정해야 합니다. 그리고 그 개수를 매일 늘려야 합니다. 대신 시간 내에 올려야 합니다. 보통 1시간을 목표로 설정합니다.

오늘 1시간 동안 집중해서 5개의 상품을 올렸다면, 내일은 1시간 동안 6개의 상품을 올려야 합니다. 다음날은 7개, 또 다음날은 8개 이런 식으로 매일 제한된 시간 내 리스팅의 개수를 늘려가다 보면 한 달만 지나도 제품 하나 올리는 시간이 엄청나게 줄어든 것을 볼 수 있습니다.

이렇게 하면 빠른 시간 안에 하루 목표를 달성하고, 남는 시간에는 올린 제품의 퀄리티를 높이는 시간이 늘어나게 됩니다. 이는 굉장히 중요합니다.

본인의 손이 대량 등록 프로그램이 되는 것입니다. 직접 올렸기 때문에 그 아이템에 대해 인지하고 있고, 반복된 작업으로 속도감 외 다양한 아이템을 보는 눈도 기를 수 있습니다.

수백 만원에서 수천 만원을 지불해도 배울 수 없는 능력입니다. 스스로의 노력만으로 얻을 수 있는 능력이기도 합니다.

작업 이후 남는 시간에는 아이템 소싱을 위해 외부 미팅도 하고, 박람회도 다니는 것이 좋습니다. 정말 좋은 아이템을 들고 와도 전산 처리 속도가 남들보다 훨씬 빠르기 때문에 시장성이나 가격에서 하나의 리스팅을 완성하는 시간도 그만큼 줄어들게 됩니다.

처음부터 완벽할 수는 없습니다. 기초부터 탄탄하게 다져나가야 합니다. 그중 시간 대비 업무 효율은 정말 중요하고, 그 효율성 안에서 속도감은 더욱 중요합니다.

조금 더 편하려고 쉽게 일하는 건 요행을 바라는 것과 같습니다.

세상에 그렇게 쉽게 돈 버는 일은 없습니다. 글로벌셀러는 정말 많은 노력을 요구합니다. 나중을 위해서라도 하루 종일 일하기보다는 하루 1시간이라도 목표를 잡고 간다면 분명 좋은 결과가 있을 것입니다.

일희일비 하지 말자

셀러 등록을 하면, 상품을 리스팅하게 됩니다. 그러나 리스팅된 상품이 별로 없기 때문에 팔릴 확률이 낮습니다. 그리고 수많은 비슷한 유형의 상품들과 경쟁을 해야 합니다.

제품을 리스팅할 때 상품의 이름과 상품 설명, 사진 등을 대충하면 안 되고, 현재 기준으로 본인의 능력을 다해야 합니다. 그렇게 해도 판매가 되지 않는다면 그 이유를 분석해야 합니다. 이러한 것들을 반복하면서 지속적으로 합니다. 무의미하게 상품 등록 수에만 치우친다면 상품은 많이 리스팅 했지만, 판매가 이루어지지 않게 됩니다.

필자도 그랬고, 많은 분들도 이러할 것입니다. 이와 같은 사안이 벌어졌을 때 이후 대처에서 셀러의 가능성이 있는지 없는지가 결정됩니다. 상품 리스팅 개수의 부족으로 생각하고 더욱 리스팅 숫자를 늘리는 경우가 있습니다.

어떤 사람은 왜 지금까지 판매가 저조한지를 다시 한 번 분석하여 리스팅합니다. 전자는 곧 포기하는 대부분의 유형이고, 후자는 셀러로 자리 잡을 가능성이 보이는 유형입니다.

글로벌셀러를 하게 되면 누구나 첫 주문에 대한 기억은 잊혀지지 않습니다. 정말 감동적이고 노력에 대한 결실을 맺었다는 생각이 들 정도로 그간 겪었던 피로가 싹 날아가게 됩니다. 하지만 첫 주문 이후 다음 주문이 생각보다 늦어지면, 다음 주문까지 실망감이 계속 쌓이게 됩니다.

또한 어느 정도 매출이 조금씩 나더라도 갑작스럽게 떨어질 수 있습니다. 이렇게 되면 굉장히 힘들어 집니다. 주문은 언제든지 장기간 발생이 안 될 수도 있고, 매출은 아무리 잘 나오더라도 언젠가는 떨어질 수도 있습니다.

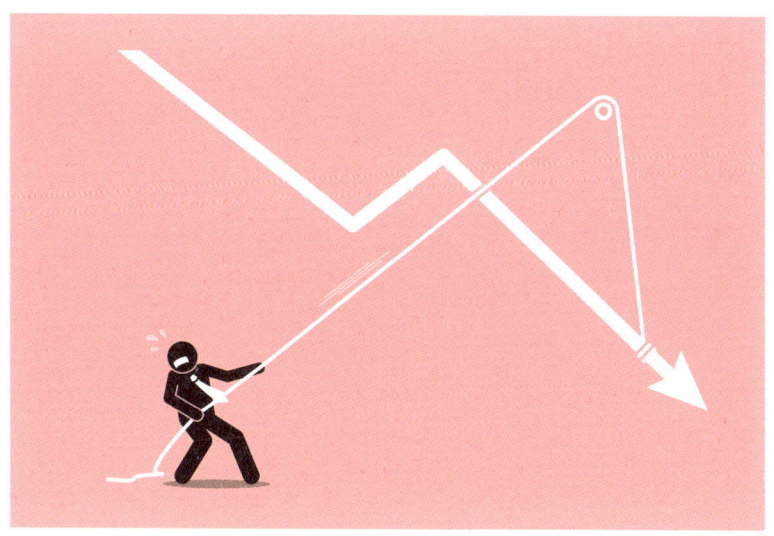

이때 정신을 똑바로 차려야 합니다. 일희일비 하는 일이 잦아지게 되면 그만둔 직장 생활이 생각납니다. '그땐 내가 한 달 버티기만 해도 돈을 벌 수 있었는데' 이제는 주문이 안 들어오면 소득도 없어지는 상황입니다. 하지만 우리는 사업을 하고 있는 엄연한 대표이고 사업가입니다. 사업가적인 마인드가 필요합니다.

장기적으로 바라보고 당장의 소득보다는 미래를 위한 투자가 필요합니다. 항상 긍정적인 마음으로 오늘 해야 할 일을 미루지 않고, 들어온 주문 하나에 너무 연연하지 않으며, '노력은 절대 배신하지 않는다'라는 마인드를 가져야 합니다.

필자는 첫 시작과 동시에 한 달 동안 상품 리스팅 숫자가 약 900개 정도 됩니다. 무작정 올렸습니다. 물론 교육의 내용대로 상품을 리스팅 했습니다. 처음 한 달 동안 1개 팔았습니다. 그리고 하루에 리스팅하는 상품 수량을 줄이면서, 왜 안 팔렸는지 분석하며 다른 방식으로 시도했습니다.

그렇게 시도하자 매달 판매량은 조금씩 나아졌지만, 그 시도가 맞는 것인지에 대해서는 턱없는 판매량으로 판단하기 힘들었습니다. 여러 방식을 접목하면서 매일 적은 리스팅 수량이라도 꾸준히 진행하였습니다. 지속적으로 분석하고, 분석을 바탕으로 상품을 리스팅했더니 수량도 어느 정도로 쌓이면서 7개월이 지날 무렵에는 판매가 눈에 띄게 증가했습니다.

시작하고 약 6개월 동안의 판매는 분명히 저조합니다. 경우에 따라서는 기간이 더 늘어나기도 합니다. 당연한 것입니다. 노력 대비 가성비가 턱없이 좋지 않습니다.

이는 견디기 쉽지 않은 부분입니다. 그럼에도 불구하고 셀러를 시작한 많은 사람들이 이것을 당연하다고 생각하지 않습니다. 글로벌셀러의 성격을 알지 못했다는 이야기가 됩니다. 글로벌셀러의 온갖 기대가 가득하고 좋은 이야기만 듣다 보니, 정작 중요한 부분은 알지 못했거나 잊었기 때문입니다.

아무리 좋은 사업이나 직장이 있어도, 반대 급부로 어려운 사람들이 있음에도 마음이 급해지면 이를 알려고 하지 않습니다. 오히려 다른 사람들보다 빨리 시작해야 할 것 같습니다. 빨리 선점해서 상품을 많이 리스팅하면 잘 팔릴 것 같은 마음이 앞섭니다.

조급한 마음에 알아야 할 것들은 놓치고, 시야는 점점 좁아집니다. 필자의 경험이기도 합니다.

위 내용은 어떻게 보면 당연한 이야기일 수도 있지만 생각만큼 쉽지 않습니다. 글로벌셀러의 주문량과 매출은 절대 그냥 얻어지지 않습니다. 매일 누적되는 업무의 양과 비례함은 틀림없습니다.

돌이켜보면 정말 힘들었습니다. 과연 잘하고 있는지 물어볼 사람도 없었고, 제대로 하고 있는 것인지에 대한 확신도 없었습니다. 하지만 지금 와서 보니, 그때 주문 하나에 연연해 하고 힘들어 했다면 지금은 없었을 거라 생각합니다. 지금 성공한 선배 셀러들과 종종 술 한 잔 하면서 이야기 나누다 보면 '그때 내가 버티지 못했다면' '상상도 하기 싫다'들 합니다.

호흡을 크게 하고 잠시 여유를 가져보세요. 무엇이든지 잘 쉬어야 잘 할 수 있습니다. '당연히 처음엔 힘들다고' '스스로 온갖 시행착오를 겪고, 그것을 바탕으로 분석하고, 접목해서 끊임없는 노력으로 좋은 결과로 이루어진다고' 그리고 '당연히 시간도 많이 걸린다'며 여유를 가지고 차가운 머리로 생각하세요.

남다른 안목과 센스가 있는 극소수의 셀러는 빠른 시간 내에 좋은 결과를 만드는 경우도 있습니다. 여러분 중에 그런 사람이 있을지도 모릅니다.

일단 필자는 아니었습니다. 여기서 하고자 하는 말은, 이런 극소수의 성공자 후기에 부러워하지 말자는 겁니다.

부러우면 스스로에게 지는 것입니다. 이것이 스스로를 조급하게 만들기도 합니다.

우리는 자신의 길을 흔들림 없이 걸어가면 됩니다. 대부분 성공한 셀러들은 초기에 힘든 과정을 거치면서 자기의 방법을 묵묵하게 지켜왔습니다. 글로벌셀러를 시작하게 되면 겪는 당연한 수순입니다. 롱텀 비즈니스입니다.

일희일비 하지 말고 버티면 좋겠습니다. 그렇다고 아닌 것을 맞다고 생각하면서 버티라는 건 아닙니다. 현명하게 내일 그리고 한 달 뒤, 일년 뒤를 생각하며 버틴다면 분명 그 노력이 적립되어 나중에 큰 행복으로 돌아올 것입니다.

글로벌셀러
혼자 하기 정말 힘들다

믿을 수 있는
파트너를 찾아라

'글로벌셀러'라고 하면 1인 기업으로 많이 생각합니다. 평생 직장 생활을 하다가 혼자 일할 수 있다는 것은 정말 큰 매력으로 다가옵니다. 필자 또한 글로벌셀러를 시작하기 전까지 계속 직장 생활을 해왔던 터라 더 이상 사람들에게 시달리지 않고 집에서 편하게 내 컨디션에 맞춰 일할 수 있다는 것에 큰 매력을 느꼈습니다.

시작 이후 생각과는 달리 주문이 거의 없었고, 조바심이 나기 시작했습니다. 매달 카드값, 월세, 공과금, 통신비 등 나가는 돈은 많은데 매출은 터무니없이 부족하다 보니 정신적인 스트레스가 쌓여갔습니다.

이 일에 대해 잘 아는 사람이 없기 때문에 주변에 이야기할 수 없어 더욱 외로웠습니다. 직장 동료라도 있으면 퇴근 후에 모여서 술 한 잔과 수다로 기분을 풀텐데 기댈 곳도, 하소연할 수 있는 곳도 없었습니다.

그러다 한 모임에서 비슷한 상황의 사람들을 만나게 되었습니다. 서로 다른 마켓을 운영하고 있었지만 고민하는 부분이 같았고, 이야기하다 보니 잘 통하는 몇몇 분들과 의기투합하게 되어 자주 만나게 되었습니다.

연락을 자주하면서 서로 의지하게 되었고, 고민이나 어려움도 공유하면서 점점 '나는 혼자가 아니다'라는 생각을 하게 되었습니다. 그러면서 하루를 이겨낼 수 있는 힘을 얻었습니다. 그렇게 의기투합했던 동료들과 지금까지 한 명의 낙오자 없이 일을 하고 있고, 다들 직원도 두게 될 정도로 규모가 커졌습니다.

지금은 서로 너무 잘돼서 만나기 어렵지만, 가끔씩 만나면 '그때 우리에게 서로가 있었기 때문에 버틸 수 있었고 이렇게 잘되지 않았는가' 이야기하곤 합니다.

이 세계는 정보가 곧 돈이라는 생각이 강합니다. 잘하는 셀러에게 더 많은 정보를 얻기 위해 모임에 참석하고, 자기보다 못하는 셀러는 도움이 되지 않는다는 생각에 교류를 꺼려하는 사람들도 많습니다. 그러다 보니 초보 셀러들은 고립될 수밖에 없고, 잘하는 셀러로 인정받기까지 외로운 생활을 할 수도 있습니다.

주문이 없어서 그만두는 것보다 외로움에 지쳐 그만두는 사람들이 훨씬 많습니다. 그때를 대비해서라도 나와 비슷한 상황인 셀러들과 친하게 지내면 좋습니다.

강의하러 가면 항상 시작할 때 '쉬는 시간에 딴데 가지 말고 옆에 있는 사람들과 이야기도 하고 연락처도 주고받고 자주 만나면 좋겠다'라고 말합니다. 옆에 있는 사람은 라이벌이 아니라, 정말 소중한 동료입니다.

나중에 매출이 많이 나면 절대 혼자 할 수 있는 업무의 양이 아니게 됩니다. 그때 부랴부랴 직원을 구하게 되는데, 직원을 뽑아도 3개월 정도면 스토어에 아이템과 소싱 루트, 노하우 정도는 다 알게 됩니다. 그리고 퇴사하고 바로 본인의 마켓을 오픈합니다.

그러면 다시 혼자가 되고 매출은 점점 떨어집니다. 독립해서 나간 직원이 전 회사의 아이템을 동일하게 올리는 경우가 많고, 조금이라도 낮은 가격에 판매하는 경우가 대부분입니다.

이럴 때 주변에 신뢰할 수 있는 동료가 있다면 같이 협업이나 동업을 하면 제일 좋습니다. 처음에는 둘이 하기 때문에 혼자 할 때보다는 순수익이 낮을 수 있지만, 다음달 그 다음달부터는 훨씬 더 편하고 많은 소득을 낼 수 있습니다. 그렇게 시간이 지나면 시간적인 여유도 생기고 좀더 발전적인 미래를 보며 발전해 나갈 수 있습니다.

혼자 할 수 있는 일은 없습니다. 1인 기업이 아무리 많은 매출을 낸다고 해도 한계는 분명 존재합니다. 그 한계를 넘어갈 수 있게 해주는 건 나의 노력도 아니고 아이템도 아닌 사람입니다.

필자도 믿을 수 있는 동료가 있었기에 지금까지 발전할 수 있었습니다. 절대 본인의 능력만이 아니고, 다른 사람의 생각과 노력을 인정하고, 같이 잘되기 위해 서로 희생하며 앞으로 나아가고 있습니다.

더 발전하기 위해 많은 사람과 만나고 교류하려고 합니다. 여러분도 절대 혼자라고 생각하지 말고 꼭 믿을 수 있는 사람과 같이 공유하고 교류하면서 더 나은 미래를 위해 나아가면 좋겠습니다.

혼자 하지 말고 팀을 만들자

믿을 수 있는 파트너를 찾아야 한다고 이야기했지만, 무조건 믿을 수 있는 사람보다는 내가 가지고 있는 능력보다 나를 보완해줄 수 있는 사람이 있다면 훨씬 좋은 결과를 낼 수 있습니다.

기본적으로 가장 추천하는 방식은 3명이 팀을 만들어 움직이는 것입니다. 실제 필자가 운영 중인 회사도 새로운 프로젝트를 시작할 때는 꼭 3명이 팀을 만들어 움직이고 있습니다. 여기서 각자의 역할이 가장 중요합니다.

적재적소에 인력을 배치하는 것이 가장 어렵지만 중요하다고 생각됩니다. 온라인 마켓도 하나의 사업이고 회사이기 때문에 인력을 잘 배치해야 합니다. 그리고 배치된 인력은 각각의 파트장으로서 본인 업무에 확실한 책임을 가져야 합니다. 다른 담당자의 업무는 최대한 방관하여 서로를 믿고 최소한의 조언으로 움직이는 것이 중요합니다.

각 담당자는 최소한 3개의 파트로 구성되며 인원도 그에 맞춰 최소 3명으로 구성합니다.

첫 번째 파트는 전산을 책임지는 업무를 하는 전산 담당자입니다.

전산 처리 담당자는 주문, 배송, 정산, CS 등 될 수 있는 한 모든 온라인 마켓 내 전산 업무를 책임지며, 다른 파트를 서포트하는 역할을 하게 됩니다.

적합한 성향으로는, 성실하고 전산 처리에 능하며, 전산 처리 속도감을 중요하게 여기는 사람이면 더욱 좋습니다. 창의적인 일보다는 단순 반복 작업이 잘 맞는 사람일수록 좋습니다. 사실 누구나 연습하면 할 수 있는 업무이고, 기본적으로 다른 파트 사람도 다 할 줄 알아야 하는 업무입니다. 가장 기본이 되는 업무인 만큼 꼼꼼하고 성실한 사람이 가장 좋습니다.

전면에 나서서 나의 생각과 주관을 관철시키는 사람보다는 다른 사람들 사이에 녹아 들어 조용히 일하는 걸 선호하는 분들에게 적합합니다.

두 번째 파트는 아이템 소싱을 책임지는 MD입니다.

MD는 마켓에 아이템을 소싱하고 등록하기까지의 업무를 책임집니다. 셀러 생활을 하면서 정말 많이 느끼는 부분이지만, 이 파트의 담당자는 선천적으로 타고 나는 것이 굉장히 큽니다. 선천적으로 타고 난 MD는 뭘 올려도 판매가 잘 됩니다. 이들은 그저 본인 기준에 좋아 보이고 가능성이 있다고 판단되는 제품을 등록하는데, 짧은 시간 안에 신기하게도 어느 정도의 매출을 만들어 냅니다.

이 MD가 오프라인 영업까지 가능하다면 정말 엄청난 매출을 만들어 낼 수도 있습니다. 다만 선천적으로 타고 난 MD인걸 모르고 첫 번째 파트처럼 조용히 일하는 타입으로 오해하고 있는 경우가 있습니다. 아이템을 등록할 때 사진이나 키워드 상세페이지 등 좀 더 퀄리티를 살려 많은 매출을 내기보다 내가 마음에 드는 아이템의 등록 건수로 매출을 올리는 것을 선호합니다.

그러다 보니 이미 올려 놓은 아이템이 아무리 잘 팔린다고 해도 살 사람들이 다 사면 매출은 줄어들게 됩니다. 한 두 달이면 대부분 마음에 드는 아이템을 등록할 수 있는데, 아이템을 소싱해도 등록하는 속도보다 새로운 아이템이 제작되는 속도가 느리기 때문에 매출은 점점 떨어질 수밖에 없습니다.

처음에는 '나는 되는 사람인가보다' 하고 열심히 글로벌셀러 생활을 하지만, 점점 떨어지는 매출을 혼자 이겨내기 힘들다 보니 포기하는 경우가 많습니다. 제일 안타까운 경우이기도 합니다. 그래서 이를 보완해 줄 수 있는 사람이 필요합니다. 바로 세 번째 파트입니다.

세 번째 파트는 MD가 올려 놓은 아이템을 좀 더 많은 매출을 낼 수 있게 만드는 기획 담당자입니다.

기획 담당자는 MD가 올려 놓은 아이템을 항상 확인하고 수정하며 보완해야 합니다. 더 나은 매출을 위해 사진을 수정하고, 좀 더 많은 노출이 될 수 있게 키워드 작업도 해야 하며, 많은 사람들이 구매를 할 수 있게 매력적인 상세페이지로 기획해야 합니다.

보통은 창의적이고 남들과 다른 것을 선호하는 사람일수록 좋습니다. 하나의 마케팅을 책임진다고 봐도 무방하므로 마케터로서의 욕심이 있다면 더욱 좋습니다. 필자도 회사에서 기획자로 업무를 진행하고 있습니다.

이외에도 영업, 디자인, CS 전담 파트가 있다면 더욱 많은 효율을 낼 수 있지만, 쉽지 않기 때문에 위 업무를 각각 나눠서 해야 합니다. CS는 전산 처리 담당자와 MD가 나누어 책임지는 것이 좋습니다.

CS를 하나의 파트로 두어도 될 만큼 상당한 업무의 양을 자랑하므로 혼자 하기에는 버겁습니다. 주로 전산 처리 담당자가 하게 되고, 자잘한 CS는 다른 파트 담당자가 도와줘야 합니다.

영업은 MD가 할 수 있다면 최고입니다. 하지만 필자가 본 결과 대부분의 타고난 MD는 영업이 부족하거나 원하지 않는 경우가 많습니다. 전산 파트는 대부분 내부 업무를 봐야 하기 때문에 영업을 하기엔 여유도 없고, 업무의 연관성도 떨어지므로 세 번째 파트인 기획자가 도와주거나 MD와 같이 나누어 하는 것이 좋습니다.

그래픽은 기획 담당자가 하는 것이 제일 좋습니다. 사진이나 상세페이지를 만들 때 머릿속에 있는 내용으로 그대로 반영할 수 있는 장점이 있고, 그만큼 속도감이 높아져 퀄리티가 좋은 아이템을 많이 올릴 수 있습니다.

다른 파트에서 그래픽 작업을 할 경우 생각보다 의도하는 방향이 잘 전달되지 않기 때문에 결과물도 좋지 않으며, 다른 파트들과 관계가 악화될 수 있습니다. 가능한 한 기획자는 기본적인 포토샵과 일러스트레이터는 배워 두는 것이 유용합니다.

이렇게 여러 파트에 대해 이야기했지만, 가장 중요한 것은 사실 대표직입니다. 대표는 관리자로서 책임감을 가져야 됩니다.

각 파드 담당자들이 서로 잘 지내고, 좀 더 나은 결과물을 만들 수 있게 중간에서 조율을 해줘야 하며, 팀이 한 곳에 머물지 않고 계속 발전할 수 있게 지속적으로 팀원과 이야기하며 미래를 그려야 합니다.

그리고 각 파트의 업무를 모두 알고 있어야 합니다. 그만큼 팀을 이끌어 갈 수 있는 카리스마와 리더십이 중요할 것입니다.

세 파트의 담당자 중 좀 더 미래를 꿈꾸는 사람을 대표로 선출해서 공동의 목표를 설정합니다. 그리고 각 팀원들이 합심해서 일을 한다면 혼자일 때보다는 3배, 30배 더 나은 매출과 순수익을 보장받을 수 있습니다. 처음에는 매출이 적을 수도 있지만, 시간을 들여 포기하지 않고 서로를 믿고 같이 달리면 분명 좋은 결과가 있을 것입니다.

내가 잘할 수 있는 것에 집중하자

처음 시작할 때는 믿을 수 있는 사람도, 팀원도 없기 때문에 혼자 할 수밖에 없습니다. 그러다 보니 정말 많은 업무를 혼자 하게 됩니다.

솔직히 제조 빼고 모든 업무를 혼자 한다고 보면 됩니다. 하다 보면 뭘 어떻게 해야 하는지, 과연 잘하고 있는 것인지 알 수 없을 때가 오기도 합니다. 그런 부분에 대해서는 그 누구도 정확한 답을 주지 않으며, 해줄 수도 없습니다.

누구나 남들보다 더 나은 점이 있습니다. 모든 것을 다 잘 할 수는 없습니다. 자신이 무엇을 할 때 가장 재미있고 즐거운지, 그리고 잘하는지를 아는 것이 굉장히 중요합니다.

필자도 초보일 때는 일 욕심이 많아서 다 잘해 보려고 노력도 많이 했습니다. 그러다 보니 나중에 결과물을 보면 이도 저도 아닌 것이 대부분이었습니다. 그래서 과감하게 남들에 비해 떨어지는 것은 줄이고 잘하는 것에 집중했습니다.

'선택과 집중이라는 말은 이럴 때 쓰는 것이구나' 생각이 들었습니다. 무언가를 포기하니 새로운 것이 눈에 들어왔습니다. 아이템을 보는 눈이 남들보다 훨씬 떨어지다 보니 팔릴 수 있게 만드는 것에 집중했습니다. 성향상 남들과 다른 것을 선호하고 새로운 것을 좋아해서 아이템 하나를 올리더라도 색다르게, 좀 더 눈에 잘 띄게, 구매 욕구를 확 끌 수 있게 만들기 시작했습니다. 그게 기획 담당자로서의 첫걸음이었습니다.

본인이 잘하는 것에 집중하다 보니 전보다 일도 재미있어지고 결과도 좋아졌습니다.

그렇게 하나의 업무에 집중하다 보면 자연스럽게 다른 업무가 소홀해집니다. 이 업무도 결코 무시할 수 없다 보니 같이 일할 수 있는 사람을 찾게 됩니다.

동업이나 협업을 시작할 때는 같이 한 두달 정도 업무에 대해 나누지 말고, 서로 모든 업무를 공유하면서 해 볼 필요가 있습니다. 그러다 보면 자연스럽게 누가 어떤 업무에 더 잘 맞는지 알 수 있게 되고, 못하는 업무를 억지로 맡을 필요도 없어집니다.

팀원과의 대화를 통해 자신이 더 재미있고 잘 하는 것에 대해 논의해야 합니다. 그래서 철저한 업무분장을 통해 효율적으로 자리잡아야 합니다.

남들보다 더 나은 능력은 분명 존재합니다. 장기적으로 봤을 때 그 능력은 팀원과 겹쳐서는 안 됩니다. 자신만의 능력과 매력을 가지고, 서로의 부족함을 채워줄 수 있을 때 비로소 하나의 팀이 되고, 나아가서는 하나의 회사가 되는 것입니다.

나와 같은 사람과의 업무는 발전보다는 현상 유지에 힘을 쏟게 될 수 있습니다. 우리는 분명 더 발전해야 하며 더 많은 소득을 내기 위해 많은 사람을 필요로 하게 됩니다. 함께하는 사람과 각자의 능력을 충분히 살리면서 서로 상호 보완이 되는 관계로 발전하길 바랍니다.

강사 그리고 글로벌셀러 매너

사회 생활, 문화 생활을 하면서 일종의 규범과 서로 간의 매너를 알고 있습니다. 그리고 그런 묵시적 약속을 지키고자 합니다. 그 약속을 깨고 벌어지는 일들로 인해 벌어지는 상황을 각종 매체를 통해 쉽게 접할 수 있습니다. 이러한 약속도 시간이 지남에 따라 사회적, 문화적 환경의 변화로 달라지기도 합니다.

이런 약속들은 글로벌셀러 세계에도 있습니다. 가볍게 보면 좋을 것 같습니다. 그리고 강사에 대해 여러분들이 잘못 알고 있는 부분들을 이야기하려고 합니다.

강사

교육을 받던 과거를 잠시 돌이켜보면, 조금이라도 유명한 분을 통해 강의 듣기를 원합니다. 당연합니다. 그리고 이러한 분들은 미리 강의를 들은 수강생들을 통해 검증받았고, 입소문으로 나름의 명성을 얻었을 것입니다. 대부분 검증적 요소들은 평가에 대한 시험의 적중률과, 이론적인 설명의 쉬운 이해와 집중도입니다. 그 외에도 여러 가지 요소들을 가지고 강사들을 평가할 수 있습니다.

글로벌셀러 교육에 관해서는 조금 독특한 형태를 띠게 됩니다. 셀러 교육을 담당하는 강사들은 과거 셀러를 했었거나, 현재 진행하고 있습니다. 저마다의 이유로 강사로 전업한 분, 셀러와 병행하여 두 가지 모두를 하는 분이 있습니다. 글로벌셀러 강사를 한다는 공통적인 특징은 자기만의 방법을 통해 판매의 성과를 이루어낸 사람입니다.

오랜 시간 동안 쌓아온 본인의 경험과 방법론적인 부분을 설명한다는 것이 결코 쉬운 일이 아닙니다. 그리고 강사를 할 수 있는 제안은 아무에게나 쉽게 주어지지 않습니다. 강사를 하기 전에 누군가로부터 다른 방식으로 셀러로서의 평가를 받게 됩니다. 좋은 셀러가 좋은 강사가 된다는 보장은 없습니다. 즉, 강사로서의 가능 여부를 다른 누군가로부터 확인 받게 됩니다. 그렇게 확인된 강사들이 여러분 앞에 서게 됩니다.

하지만 여러분은 강사에 대해 셀러로서의 실적을 확인하고 싶어합니다. 그 실적이 강사를 선택하는 중요한 잣대가 될 수 있습니다. 이왕이면 많은 실적이 있는 셀러에게 강의를 받고 싶은 당연한 심리입니다. 하지만 강사 입장에서는 셀러의 실적을 공개하기 어렵습니다.

강사로 전업했다 하더라도 이전부터 계속 해왔던 셀러를 그나마 소소하게 유지하고는 있습니다. 조금만 부지런하면 용돈 벌이는 충분히 가능한 실력이고, 과거 세팅해 두었던 상품들이 있기 때문입니다. 이런 경우 당연히 셀러로서 보이는 실적이 별로 없을 수 밖에 없습니다. 그리고 둘 다 같이 진행하는 경우에도, 강의를 시작하면 그 시간만큼 셀링에 집중할 수 없기 때문에 당연히 매출은 줄어들 수 밖에 없습니다. 대신 강의비를 통해 셀링으로 떨어진 매출을 보전받는 형태가 됩니다.

강의 시간과 매출은 반비례합니다. 어쩔 수 없는 부분입니다. 매출이 떨어지는 이유는 글로벌셀러가 왜 꾸준한 노력이 병행되어야 하는지 매출과 연계해서 앞에서 충분히 설명했습니다.

실적에 대한 부분은 몇 가지 함정이 있습니다. 예를 들어 보겠습니다.

A 강사는 월 매출이 약 6,000만원, B 강사는 월 매출이 3,000만원입니다. 어떤 경로로 확인할 수 있는 요소만 가지고 설명하므로 마진 등 이외의 요소는 배제합니다. 매출로 놓고 본다면 당연히 A 강사를 선택하려고 합니다. 여러분을 가르치는 분이 B 강사라면 실망할 수도 있습니다. 실제로 매출에 실망했다는 글을 종종 봤습니다. 정말 A가 좋은 강사일까요? 만약 A 강사의 모든 매출이 대량 등록 프로그램을 이용한 실적이라면 어떨까요? 이 경우에는 해당 오픈마켓에서 셀링 방법에 대해 배울 수 있는 부분이 별로 없습니다.

B 강사는 직접 소싱하고 리스팅해서 거둔 매출이라면 어떤 생각이 드나요? 이 방법은 단시간에 매출을 올리기 쉽지 않습니다. 꾸준한 분석과 노력으로 거둔 성과이며, 온갖 노하우를 갖고 있습니다. 오픈마켓에서 판매 방법, 키워드, 마케팅 등 좋은 방법을 다양하게 배울 수 있습니다.

여러분은 누구에게 강의를 받고 싶어졌나요?

여전히 A 강사라고 한다면 셀링 강의는 받지 말고, 대량 등록 프로그램 업체에 가서 프로그램 사용 방법을 익혀 셀러 활동을 하면 됩니다. 당장의 실적으로 강사를 평가하는 잣대로 삼으면 안 된다는 것입니다.

글로벌셀러는 꾸준히 해야 할 일들이 너무 많습니다. 상품 소싱, 분석, 리스팅, 주문 처리, 고객 CS 등 매일 할 일이 쌓여 있습니다. 지속적으로 노력을 해야 매출이 올라가며, 매출을 유지하기 위해서라도 최소한의 필요한 노력들이 있습니다. 셀러 특성상 꾸준한 리스팅이 없으면 매출은 점차 감소합니다.

왜일까요? 앞서 언급한대로, 이 글은 재고 없이 구매대행 방식의 글로벌셀러에 관심을 두는 사람을 대상으로 작성되었습니다. 같은 상품을 판매하는 구매대행 방식의 셀러가 지속적으로 생겨나고 있으며, 다른 유통 업체에서 사입하는 경우도 발생합니다. 이런 환경이기 때문에 지속적인 노력이 없다면, 매출이 감소할 수밖에 없습니다. 이러한 형태로 셀러를 하는 강사도 마찬가지입니다.

셀러이면서 강사로 활동하게 되면, 셀러의 지속적인 업무를 하기가 정말 어려워집니다. 일반적으로 강사가 되면, 점차 매출 감소는 필연적입니다. 물론 매출의 감소는 강의로 손실은 보전됩니다. 여러분이 우려하는 부분이 무엇인지 저도 알고 있습니다. 하지만 먼저 강사로서의 자질과 평가는 다른 사람을 통해 사전에 확인되고 이루어진 부분입니다. 여러분이 알아야 하는 부분은 '강사가 여전히 셀러인가?'입니다.

여전히 셀러인지가 중요한 이유는, 마켓의 환경적 변화로 인한 판매 방법 등에 대해 흐름을 아는 사람이 필요하기 때문입니다. 여러분 앞에 강사가 현재 셀러로서의 실적이 부진하더라도, 그것으로 모든 부분을 평가하지 않았으면 좋겠습니다. 강의를 하지 않았다면 좋은 셀러일 것입니다.

강의로 인해 떨어진 실적 때문에 좋지 않은 평가를 받아야 할 이유는 없습니다. 그러나 강의의 질에 대한 평가를 받는 것은 당연합니다.

종종 셀러와 강사 두 마리 토끼를 모두 잡는 극소수의 인물이 있을지도 모릅니다.

하지만 교육을 받고 있거나, 받을 예정인 여러분에게 하고자 하는 말은 앞에 있는 강사가 최고라고 생각하고 열심히 많은 것들을 배우고 흡수하기 바랍니다.

매너

셀러 활동을 하면서 다양한 질문을 받았습니다. 모든 질문에 명확히 답변하는 것이 가장 좋지만, 때로는 답변하기 힘든 것들이 있습니다. 대체로 그런 질문들은 매너와 상당히 연관되어 있습니다. 다른 시각으로 본다면 '셀러 간 상도의'이기 때문입니다.

❶ 얼마 벌어요?

글로벌셀러에 관심을 두는 사람들이 강사 여부를 떠나서 셀러에게 묻고 싶은 질문 중 하나입니다. 셀러는 공무원이 아닙니다. 획일적인 급여가 없습니다. 이익 발생을 위해 쉼 없이 노력합니다. 조금이나마 더 벌기 위함입니다. 그리고 이 일이 재미있어야 가능한 일이기도 합니다. 이런 질문을 하는 대부분은 셀러의 매출 규모가 만족할 만한 수준의 경우일 때 본인도 하겠다는 의식을 갖고 있는 사람들입니다.

남들 따라서 하는 유형으로 종종 볼 수 있는 경우입니다. 이러한 생각으로는 셀러를 하지 않는 것이 맞습니다. 그만큼의 매출 규모를 내기 위해 모든 과정에서 금전적, 정신적, 육체적 고통을 버티지 못합니다.

같은 셀러임에도 종종 이런 질문을 던지는 경우에는 대체로 매출이 나오지 않는 셀러입니다. 이 경우에는 매출이 적다 보니 답답한 마음에 던지는 질문이라 이해가 되기도 합니다. 하지만 상대방의 매출 규모가 크다면 오히려 스스로에게 실망감만 쌓입니다. 그러니 본인을 위해서라도 잘못된 점을 찾고 수정해 다른 방식으로 매출을 늘려 보려는 시도를 해보는 것을 권합니다. 안타까운 일이지만 스스로 방법을 찾을 수밖에 없습니다.

얼마 버냐고 물으면 질문에 답해줄 셀러는 거의 없습니다.

❷ **뭐 파세요?**

심적으로 이해가 되지만, 구매대행 방식의 셀러일 경우 어떤 상품을 파는지, 마켓 이름 역시 알려주지 않습니다.

왜일까요? 바로 카피해 버리기 때문입니다. 그렇게 되면 매출이 순식간에 떨어지는 것은 시간 문제입니다. 내 상품을 파는 것이 아니므로 카피를 막을 수는 없습니다. 잘못된 것은 아니기 때문입니다.

구매대행 셀러는 어차피 다른 셀러의 상품을 파는 리셀러입니다. 셀러라면 쉽게 경험할 수 있는 부분입니다.

단지 셀러에게 질문을 던지고, 답변을 받고 그 셀러의 상품을 의도적으로 카피해 버리는 것이 문제입니다. 그렇기 때문에 셀러는 이런 답변에 대해 마켓은 보여주지 않습니다. 뒷통수 경험이 있거나 없어도 이런 사실을 간접적으로 알고 있기 때문입니다. 흔히 벌어지는 일입니다.

구매대행 방식의 글로벌셀러 세계는 깨끗하지 않습니다. 앞으로 누군가에게 이런 질문을 받게 되면 양해를 구하고 그냥 웃고 넘어가는 것이 좋습니다.

나만의 아이템은
이 세상에 없다

아이템보다는 사람에 집중하자

글로벌셀러를 하면서 아이템의 중요도는 굳이 설명할 필요가 없습니다. 90% 이상을 차지한다고 많이들 생각합니다. 아이템의 소싱과 시장성, 아이템의 가격, 디자인 등 정말 많은 것을 따지고 생각합니다. 물론 맞는 이야기입니다.

필자도 초보일 땐 아이템에 정말 많이 집중했습니다. 하지만 아이템을 소싱하다 보면 마음에 드는 아이템은 이미 누군가 등록을 먼저 했고, 마진을 제로로 맞춰도 최저가를 맞추기가 힘듭니다.

이런 일이 한두 번이 아니라 정말 자주 발생합니다. 그렇게 되면 다들 생각합니다. '도대체 올릴 수 있는 것이 있기는 한가?' '이렇게 해서 돈을 어떻게 벌지?' '남들은 내가 모르는 소싱 루트가 있는 것인가?'

정말 어려운 문제입니다. '누구는 초보일 때 마켓에 상품을 올려 많은 소득을 내고, 다들 쉽다고 이야기하는데 나는 왜 이런 걸까' 정말 많이 고민했습니다. 그러나 어차피 이렇게 해서는 답이 안 나온다는 것을 알기까지는 얼마 걸리지 않았습니다.

이렇게 그만둘 수는 없으니 방법을 찾아야 했습니다. 그러다 문득 아이템에만 집중하고 있는 나를 발견했습니다. 분명 '해외에 물건을 팔고 있는데, 왜 내 눈에 좋아 보이는 물건을 팔려고 하며, 물건을 구매할 나라의 사람들이 원하는 아이템은 찾지 않는 것인가' 생각하게 되었습니다.

종종 판매를 먼저 시작한 선배들과 만남을 가졌을 때 그들은 항상 똑같은 말을 해주었습니다.

"생각도 많고 걱정도 많은 것이 느껴진다. 그러나 무슨 생각을 하더라도 당신은 한국인이기 때문에 절대로 물건을 구매해주는 나라 사람들의 마음을 읽을 수는 없다. 아무리 고민을 해도 결정은 다 현지인이 해주는 것이니 일단 적당히 고민하고 생각하여 실행에 옮겨라. 그게 마음에 안 든다 하더라도 현지의 반응을 보는 것이 더 중요하다. 일단 저지르고 수정하고 보완하는데 노력을 기울여라. 아무리 공부하고 노력해도 완벽한 것은 없다. 인터넷을 보지 말고, 현지 사람처럼 느끼고 보고 실행에 옮겨라"

여러 명의 사람들이 똑같이 이야기하는 것을 보고 느꼈습니다. 그래서 바로 사람에 집중하기 시작했습니다.

내가 판매하려는 나라의 사람들은 어떤 나라에 살고 있고, 그 나라 사람들은 어떤 문화를 가지고 있나, 기후, 기온, 지형, 종교 등 그들의 생활을 알기 위해 노력했습니다.

필자는 일단 '라자다' 판매를 했기 때문에 말레이시아 사람들의 삶을 알기 위해 노력했습니다. 인터넷에 말레이시아 유학이나 이민자들의 글을 찾아서 읽기 시작했고, 서점에서 여행기나 그들의 삶이 적힌 책들을 찾아보기 시작했습니다. 그러다 보니 정말 한국 사람으로서는 생각할 수 없는 것들이 정말 많았습니다.

우리나라는 사계절이지만 말레이시아는 일년 내내 여름입니다. '연평균 기온이 32도나 되는 고온 다습한 열대우림 기후에 사는 사람들의 생활 패턴은 어떨까?' '이슬람교가 국교인 나라에서 사람들은 어떠한 교리를 지키며 살고 있고, 무엇을 금기시할까?' '그들의 종교적인 특색이 과연 내가 알고 있는 것이 맞는가?' 생각해 봤습니다.

그리고 다문화 국가인 말레이시아에서는 인구 비율이 어떻게 되는지, 중국인이 차지하는 비중은 어떻게 되는지, 전체 인구에 이슬람교를 믿는 무슬림은 얼마나 되는지 찾아보게 되었습니다.

그 외에도 그들의 생활을 알기 위해 SNS를 통해 현지인과 친분을 쌓기 위해 노력했습니다. 이러한 노력들이 쌓이다 보니 필자가 올린 제품들이 왜 팔리지 않는지 알 수 있었습니다. 지극히 한국적이었고, 내 눈에만 좋아 보이는 아이템들이었기 때문입니다.

허탈했습니다. '내가 진짜 중요한 것을 놓치고 있었구나' '지금까지 그들이 사지 않을 아이템을 살 것처럼 억지로 강요했던 것이구나' 그래서 가능성이 있는 제품은 그들이 좀 더 좋아하는 단어와 표현, 사진 등으로 바꿨고 가능성이 없는 제품은 과감히 지워버렸습니다. 그리고 새로운 상품을 올린 지 3일 뒤에 주문이 들어왔습니다.

가능성을 보고 수정한 제품이 아닌, 새롭게 올린 것이었습니다. 그리고 그날 여러 제품들도 주문이 들어왔습니다. 정말 신기했습니다. 아이템 소싱을 버리고 사람을 공부했더니 주문도 바로 들어오고, 아이템 소싱도 한결 쉬워졌습니다.

다른 한국 셀러들이 올려 놓은 제품들과 경쟁할 일도 없어졌습니다. 다른 한국 셀러들은 아직도 한국인의 생각에서 벗어나지 못했기 때문입니다. 점점 자신감이 붙게 되었고 말레이시아를 좀 더 알아가는 것도 재미있게 되었습니다. 물론 그 밑바탕에는 수익의 상승이 큰 요인이었습니다.

2017년도 중반까지만 해도 분명 아이템이 중요한 시대였습니다. 하지만 2017년도 후반부터 여러 마켓에서 아이템보다는 사람에 집중하기 시작했습니다.

셀러가 어떤 사람인지, 구매자들이 좀 더 만족할 수 있는 시스템을 만들기 시작했습니다. 시대가 변했고 트렌드가 바뀌었습니다. 그에 맞춰 우리도 바뀌어야 합니다. 아이템에서 벗어나 내가 판매하려는 나라의 사람들을 이해해야 합니다.

시장조사 방법도 이 나라에서 이 아이템이 팔릴지 판단하기보다는, 이 아이템을 어떻게 하면 현지 사람이 좋아하게 만들 수 있을지 고민해야 합니다. 이 세상에 안 좋은 제품은 찾아보기 힘듭니다.

중국산도 과거에나 값싸고 질 낮은 제품으로 취급당했지만, 이제는 값싸고 질도 좋은 것들이 많이 나오고 있습니다. 과거 대륙의 실수로 불리우던 제품들이 있었습니다. 중국에서 실수로 값이 싸면서 질도 좋은 제품을 만들어 냈을 때 쓰던 용어입니다. 하지만 이제는 대륙의 명기라 불리우며 당연히 값도 싸고 질도 좋은 제품들이 많아지고 있습니다.

그러다 보니 한국 셀러들은 중국 셀러들과 중국산 제품들에 치여서 점점 힘들어지고 있습니다. 앞으로는 더욱 심해질 것 같습니다. 이런 환경에서 살아 남으려면 비싸지만 질은 좋은, 우리 한국 제품으로 선정하여 현지인들이 혹할 만하게 상품 사진과 키워드 상세페이지를 바꿔 주어야만 합니다. 이 부분에 대해서는 뒤에서 자세하게 다룰 예정이지만, 일단 이걸 왜 해야 하는지 미리 인지하면 좋습니다.

아이템이라는 틀 안에서 벗어나 더 넓은 것을 보고 느꼈으면 합니다. 글로벌셀러라는 일은 굉장히 폐쇄적이고 틀에 박혀 있습니다. 그 안에서 좀 더 나은 것을 추구하고, 넓게 생각하고, 멀리 바라보는 것이 중요합니다.

여러분도 하고자 하는 마음만 있다면 분명 가능합니다. 남이 정해 놓은 틀에 나를 구속하지 말고, 본인만의 방식으로 이겨내기 바랍니다.

아이템 소싱은
아무나 할 수 있다

'아이템 소싱'이라는 말을 글로벌셀러를 하면서 처음 들어 봤습니다. 그만큼 생소했고 중요성에 대해 잘 몰랐습니다. 많은 외부 업체들이 소싱에 대한 어려움을 일반 개인들에게 해결해주고자 서비스를 하고 있으며, 개인들은 생각보다 꽤 큰 돈을 매달 지불하면서 이용하고 있습니다.

그만큼 어렵고 중요하다는 이야기라고 생각합니다. 하지만 우리가 조금만 노력하면 매달 나기는 소싱 시비스 비용을 아끼면서 셀러 생활을 할 수 있습니다.

아이템 소싱에 있어서 가장 중요한 점은 가격? 시장성? 기타 많은 것을 따지겠지만, '나만의 아이템'인지가 제일 중요합니다. 누구나 소싱할 수 있는 아이템은 무조건 제 살을 도려내는 경쟁이 시작된다는 의미입니다.

그렇게 팔더라도 장기간 고정적인 수입을 내주는 아이템은 절대 불가능합니다.

우리는 셀러 일을 하면서 매달 고정적인 수입을 원합니다. 하지만 쉽게 소싱하는 아이템은 단타로만 소득을 내는 것들입니다. 장기화된다면 꾸준하게 소득을 낼 수 없고 계속적으로 새로운 아이템을 찾아야 되며, 그 아이템이 팔릴 것이라는 확신이 없기 때문에 미래를 위해 아이템마다 퀄리티는 살리지 못하게 됩니다. 그렇게 되면 아이템을 소싱할 때 어쩔 수 없이 질보다는 양으로 승부하게 되고, 쉽게 피로해져 지치게 되는 상황이 벌어집니다.

수천 개, 수만 개의 아이템을 리스팅하는 것은 어렵지 않습니다. 어려운 것은 리스팅된 아이템을 수정하고 보완 관리하는 후처리 작업입니다. 특히 초반에는 어쩔 수 없이 혼자 해야 하는데, 그 업무의 양은 상상을 초월합니다. 그래서 본인이 가격이나 재고 배송 등 관리를 할 수 있는 아이템이 올라가야 추후 주문이 들어왔을 때 문제없이 판매가 가능하며, 리스팅해 온 제품의 변경된 부분을 수정 보완할 때에도 적은 시간으로 작업이 가능합니다.

한 예로, 600개 정도의 제품을 아마존에서 긁어와 라자다에 올려 놓고, 매일 올려 놓은 제품의 변경된 점(가격, 재고)만 아마존에서 확인해 라자다에 수정을 한다면 하루 기준으로 6시간 정도 소요됩니다.

새로운 아이템 리스팅도 해야 되고, 주문, 배송, CS 처리 등 해야 하는 업무가 아직 많이 남았는데, 리스팅 수정 보완하는 데 하루를 허

비하게 됩니다. 이렇게 되면 좋지 않습니다. 이 부분의 더 자세한 내용은 대량 등록에 관한 부분에서 깊게 다루겠습니다.

결론적으로는 아이템 소싱을 다른 곳에 기대해서는 미래가 없습니다. 단기적으로 한 두 달 정도는 편할 수 있지만 그 뿐입니다. 그래서 우리는 아이템 소싱만큼은 스스로 직접 해야 합니다.

실제로 파워 셀러들이 관리하는 이이템 개수는 많아야 100개~200개 정도입니다. 이 중 관리하고 꾸준하게 팔리는 제품은 20개~30개 정도로 유지합니다. 여기서 포인트는 20개 정도의 아이템이 전체 매출에 아주 큰 비중을 차지하고 있다는 점입니다. 그 말은 경쟁상대가 없기 때문에 전체 매출도 책임져주고, 매달 고정 수입을 창출해 준다는 것입니다.

수천 개, 수만 개 올려서 관리할 때보다 업무의 양도 훨씬 적기 때문에 남는 시간에 다른 업무의 향상을 위해 투자할 수 있습니다. 본인이 찾았기 때문에 가능한 일입니다. 직접 찾은 아이템이 아니라면 절대 불가능합니다. 꼭 명심하기 바랍니다.

그럼 아이템 소싱은 어떻게 해야 하는지에 대한 궁금증이 생깁니다. 아이템 소싱은 정말 다양하고 쉽습니다. 나의 성격, 성향, 환경적인 부분을 고려해 자신에게 잘 맞는 소싱 방법을 찾는 것이 중요합니다. 몇 가지 경우로 나누어 볼 수 있습니다.

- 본인이 영업은 힘들고, 타인과 만나 이야기하는 것이 어렵다. 집에서만 소싱 업무를 하고 싶다. **− 재택 근무 올인형**

- 본인이 영업은 힘들지만, 타인과 만나서 이야기하는 것은 어렵지 않다. 될 수 있으면 집에서만 소싱 업무를 하고 싶다. **− 재택 근무형**

- 본인이 영업은 힘들지만, 타인과 만나서 이야기하는 것은 괜찮다. 밖에서도 충분히 일하고 싶다. **− 출퇴근형**

- 본인이 영업도 가능하고, 타인과의 대화도 무리 없으며 제조사나 유통사를 찾아가서 미팅도 하며 소싱을 하고 싶다. **− 외근형**

이렇게 큰 틀에서 보면 네 가지 경우로 나눌 수 있습니다. 각자 해야 하는 업무 방식이나 방향성이 다르며, 자신에게 잘 맞는 방식을 골라서 해도 됩니다.

가장 좋은 것은 첫 번째부터 네 번째까지 순차적으로 진행해 보는 것입니다. 꼭 숙지하여 나의 것으로 만들고, 본인의 성향에 맞춰진 방식으로 바꿔 더 나은 방법을 찾는 것이 좋습니다.

❶ **재택 근무 올인형**

대부분의 소싱을 집에서만 하게 됩니다. 이 타입은 타인과의 전화 통화도 어려운 경우이다 보니 모든 업무를 메신저나 메일로 처리하게 됩니다. 이 방법은 업체와의 신뢰를 쌓기에 어려움은 있지만 소싱하는 데 어려움은 전혀 없습니다. 순차적으로 설명하겠습니다. 첫 번째로 해야 할 일은 네이버 카페 '셀러오션'에 가입하는 것입니다.

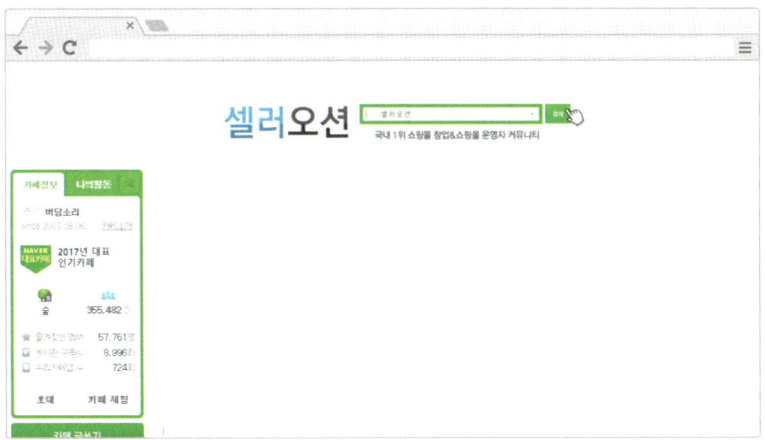

셀러오션(https://cafe.naver.com/soho)은 국내 온라인 마켓을 운영하는 사람들이라면 대부분 가입되어 있고, 이곳에서 정보를 교환하고 이야기도 나눕니다. 그러다 보니 자연스럽게 제조사나 유통사도 이곳에 많이 가입되어 있습니다.

제조사나 유통사는 이곳에서 자신의 제품을 홍보하고 판매해 줄 수 있는 셀러를 모집하기도 합니다. 이것만으로도 어느 정도 소싱 루트는 확보할 수 있습니다. 여기에서 가장 집중해서 봐야 할 게시판이 있습니다. 바로 '도매 업체 공장 정보'라는 게시판입니다.

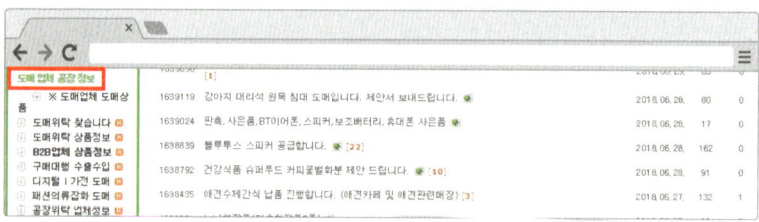

이 게시판에는 국내 제조사나 유통사에서 자신의 제품을 팔아줄 수 있는 셀러를 찾기 위해 게시글을 올립니다. 셀러는 덧글로 제안서를 받아 제품에 대한 내용과 가격 등 판매하기 위한 정보를 얻을 수 있습니다.

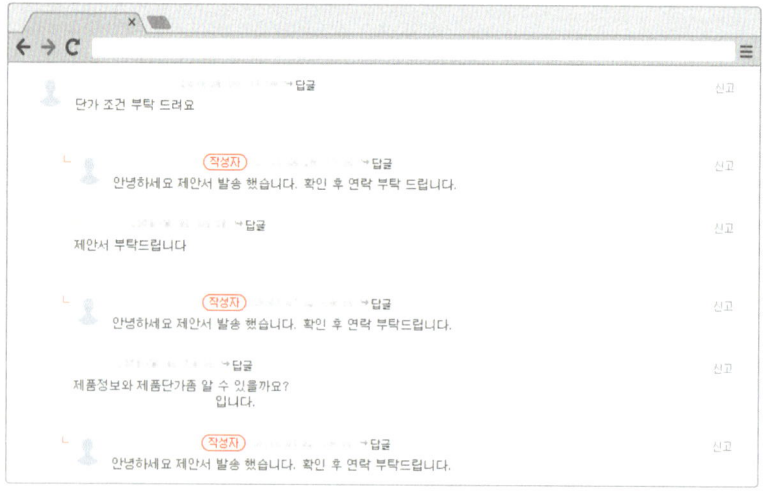

업체와의 연락은 대부분 덧글과 쪽지, 메일로 진행됩니다. 여기에서 사람과의 대화가 어렵거나 원치 않는 분들은 손쉽게 인터넷으로 대화하면서 계약을 하고, 해외 마켓에 판매를 시작할 수 있습니다.

업체와 연락하면서 해외 온라인 마켓에 판매를 하는 업체임을 강조해 주고, 마켓별로 따라야 하는 배송 정책에 맞춰 이야기를 나누고 진행하면 됩니다.

❷ **재택 근무형**

올인형과 달리 개인보다는 업체를 강조하면서 회사임을 어필하고 업체와 연락하는 방법입니다. 전문적인 용어나 비즈니스적으로 대화를 하려면 셀러오션에서 업체들과 이야기를 자주 나누어 보고 제안서도 받아 보면서 그들이 쓰는 약어와 용어에 익숙해진 뒤 넘어가면 좋습니다. 재택 근무형은 셀러오션이 아닌 좀 더 전문적인 카페로 넘어가 소싱하게 됩니다.

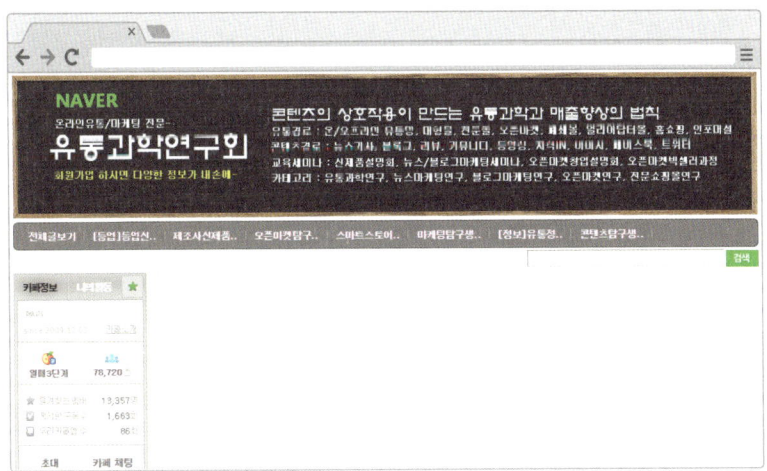

여러 카페가 있지만 대표적인 유통과학연구회(https://cafe.naver.com/dbstnzld1)가 있습니다. 이하 '유과연'으로 지칭하겠습니다. 유과연에서는 셀러오션과 비교했을 때 B2C 보다는 B2B의 성향이 더 강합니다.

전문적인 내용을 다루고 있고, 개인보다는 규모 있게 회사로 움직이는게 느껴집니다. 본인도 1인 회사이지만 어느 정도 회사다운 모습을 보여주는 것이 좋습니다.

여기에서도 메일과 쪽지 그 외 메신저를 통한 이야기가 가능하지만, 직접적인 미팅을 원하는 업체들이 많습니다. 그럴 경우 꼭 나가서 미팅 경험을 지속적으로 쌓는 것이 정말 중요합니다.

그 전에 업체 담당자들과 지속적으로 전화 미팅을 하면서 자신감을 쌓고, 밖으로 나가는 것이 도움이 됩니다. 셀러오션에서 경험했던 부분을 유과연에서도 적용해 보고 얻어지는 결과를 수정 보완하면서 밖으로 나갈 준비를 하는 것이 좋습니다.

❸ **출퇴근형**

더 이상 인터넷으로만 소싱을 하는 것이 아니라 외부에서 업체 사람들과 이야기를 하면서 소싱을 해야 합니다. 아직 제조사나 유통사 미팅 경험이 전무해도 무방하므로 단계를 밟아가는 것이 좋습니다. 무작정 제조사나 유통사를 찾아가도 대화를 원활하게 이어 가기 힘들 수 있습니다. 그럴 때 아주 적절한 연습 장소가 바로 박람회입니다. 박람회는 많은 제조사나 유통사가 모여서 판로를 개척합니다. 바이어를 만나 자신의 제품을 홍보하고 겸사겸사 제품도 판매하기 위해 수십 만원에서 수백 만원의 비용을 지불하고 참가하는 곳입니다.

그 곳에서 우리는 정말 중요한 위치에 있습니다. 국내 온라인 판매야 마음만 먹으면 언제든 회사 자체적으로도 운영할 수 있지만, 해외 판매는 생각보다 힘들기 때문입니다. 그리고 많은 회사들이 항상 수출을 생각하고 있습니다. 그렇기 때문에 우리는 언제나 환영받는 존재이기도 합니다.

국내에는 정말 많은 박람회가 존재하고, 박람회장이 있습니다.

넓게 보면 강남 코엑스, 양재 AT 센터, 학여울 SETEC, 일산 킨텍스, 부산 벡스코 등입니다. 작은 박람회장도 있지만 박람회라고 하면 생각나는 곳들은 이렇게 정리해 볼 수 있습니다. 서울에 거주한다면 코엑스가 가장 좋습니다. 대부분 규모 있는 박람회는 코엑스에서 진행하기 때문입니다.

예를 들어, 2018년 7월 코엑스 일정표를 살펴보겠습니다.

이런 일정표는 각 박람회장 홈페이지에 들어가면 확인할 수 있습니다. 7월 1일부터 정말 많은 일정이 잡혀 있습니다. 매일 방문이 가능할 정도로 코엑스의 박람회 일정은 많습니다. 여기서 포인트는 '어떤 박람회에 다녀올 것인가'입니다. 많은 분들이 일정표를 봐도 어디를 가야 할지 구별이 안 될 수 있습니다.

위 일정에서 본다면 하우징 페어, 보드게임콘, 국제 유아교육전 & 키즈 페어, 스마트비 디바이스쇼에 다녀올 수 있습니다.

본인이 운영하는 마켓에서 금지 품목을 정확히 보고, 판매가 가능한 제품군이 나오는 박람회장을 선택해 다녀오면 좋습니다. 7월 7일처럼 하우징 페어와 보드게임콘이 겹쳐진 날이면 한 번에 두 곳의 박람회장을 돌아볼 수 있으므로 더욱 좋습니다.

방문하면 먼저 전체적으로 쭉 둘러보면 좋습니다. 꼭 아이템 소싱을 위해서만 아니라 현재 시장의 트렌드를 읽을 수 있고, 사람들이 특정 부스에 몰려 있다면 그 이유를 분석해 보는 것도 중요합니다. 그렇게 둘러보다가 부스 안으로 들어가 대표자나 실무자와 이야기를 나누어야 합니다.

생각보다 많은 사람들이 편하게 앉아서 제품에 대해 이야기합니다. 부스 관계자들은 귀찮아 하거나 꺼려하지 않습니다. 자신의 제품을 홍보하고 판매하기 위해 나왔기 때문에 즐겁게 이야기할 수 있습니다.

박람회장에 가보면 셀러들을 많이 만날 수 있습니다. 그리고 부스에 앉아 해외 오픈마켓 판매에 대해 이야기하는 것을 심심치 않게 들을 수 있습니다. 그만큼 다양하기 때문에 본인도 그 중에 한 명이라는 생각으로 편하게 대화하면 됩니다.

많은 업체들은 자신의 제품이 해외로 나가는 것을 선호하며, 가능하면 꼭 하고 싶어 합니다. 그들에게 글로벌셀러는 한줄기 빛과 같습니다. 업체에서도 자신의 제품이 해외로 나가면 영세율 적용을 받을 수 있기 때문에 더욱 선호하기도 합니다.

예전에 라자다 강의를 할 때 일산에 사는 어머님 두 분께 박람회에 다녀오면 좋겠다고 말씀드렸더니, 마침 집 근처에 킨텍스가 있으니 꼭 다녀오겠다고 약속했습니다. 혼자 가기에는 내심 무서워서 두 분이 같이 다녀왔는데, 마음에 드는 아이템을 발견해 부스에 앉아 너무 즐겁게 이야기를 나누었다고 합니다. 처음에는 걱정이 많았지만, 막상 앉아서 이야기해보니 별거 없었다며, 다른 부스도 돌아다니면서 점점 자신감이 붙었다고 후기를 남겨주셨습니다. 그래서 두 분은 일년이 지난 지금까지도 파트너로 같이 셀러 생활을 하고 있습니다.

인터넷으로 소싱하는 것은 분명 한계가 있습니다. 여러분이 제조사나 유통사의 대표라도 얼굴을 한 번이라도 본 사람을 더 믿지, 인터넷으로만 이야기 나눈 사람은 거기까지라고 생각될 것입니다.

실제로 아이템을 눈으로 보고, 전문가에게 어떤 특장점이 있는지 듣고 판매하는 것과, 그냥 인터넷으로 보여지는 정보와 업체에서 예전에 만들어 놓은 정보로 판매하는 것은 추후 판매량에서부터 차이가 날 수밖에 없습니다.

인터넷이나 만나서 이야기하는 것이 공급가가 똑같을 것 같지만 차이가 있습니다. 나비효과처럼 얼굴을 한 번 본다는 것은 나중에 셀러의 역량에서 많은 차이가 날 수 있습니다. 무한 경쟁을 해야 하는 오픈마켓 셀러이고, 다른 셀러보다 좀 더 앞으로 나아가고 있어야 합니다.

❹ 외근형

본격적으로 제조 유통사에 찾아가 직접 미팅하여 아이템을 소싱하는 방법입니다. 앞에서 설명한 소싱 방법을 총동원해 영업에 들어갑니다. 이때부터는 다시 초심으로 돌아가 고민해 봐야 합니다. 아이템 소싱을 하면 정말 많은 고민이 시작됩니다. '무엇을 팔까?' '어떤 아이템이 좋을까?' 1차적인 고민이 시작되고 '어디서 아이템을 소싱할까?' '이 가격이면 팔릴까?' '아이템을 소싱했는데, 어떻게 올려서 판매해야 할까?' 2차적인 고민이 쌓이게 됩니다.

'인터넷상에 보여지는 희망과 비전' '다들 하는데 나도 할 수 있겠지' '부업으로도 많이 한다던데' '부업으로 시작했다가 소득이 많이 나오면 전업으로 변경하자' '연매출 몇 억 벌어 보자'

이런 이야기 때문에 시작했지만 현실은 암담했습니다. 좀 더 편하게 돈 벌어 보고자 집에서 어떻게 하면 되겠다고 생각했지만, 한계는 너무 빨리 찾아왔고 밖으로 나갈 수밖에 없었습니다.

막연함과 절박함으로 강의도 들었지만 뻔한 이야기이거나 소소한 팁 정도였습니다. 최소한의 아이템 소싱에 대한 부분도 제대로 이야기 하지 않고, '우리 프로그램을 쓰세요' '우리 서비스를 이용하세요' 정도였습니다. 어디서 소싱하고, 어떻게 자료를 재가공하고 어떻게 경쟁력 있는 가격을 만들 수 있고, 어떻게 내 아이템을 팔릴 수 있게 홍보할 수 있는지 알려주지 않았습니다.

성공한 셀러들은 절대 집 안에서 업무하지 않습니다. 다른 오픈마켓에 있는 아이템을 그대로 복사해서 내가 운영하는 마켓에 올려 판매하는 것이 생각해보면 편히 일하기 위함이지 장기적인 소득과 꾸준한 소득을 위해 하는 일은 아니라는 것입니다.

직접 업체를 찾아가 그 회사를 둘러보고, 대표나 실무진과 인사하고, 아이템에 대해 이야기하고, 내 눈으로 아이템을 보고 어떻게 관리하는지 확인합니다. 제품의 상태는 괜찮은지, 아이템의 사이즈는 어떻

고, 무게는 얼마나 나가고, 패키지는 어떻고, 결과적으로 실제로 본 결과 내가 판매하려는 마켓에 부합되는지 확인하는 것은 귀찮고 힘들고 어려운 일이지만 당연히 해야 하는 일이기도 합니다.

업체와 긴밀하게 연락하면서 변동되는 아이템의 디테일이나 공급가, 정말 중요한 재고까지 확인하면서 판매를 이어 나가야 매달 꾸준히 나에게 고정된 수입을 안겨주는 아이템이 되는 것입니다.

이런 사전 작업이 없다면 열심히 소싱해도 내가 인지하지 못한 사이 아이템의 생산이 중단되고, 재고가 없어지고, 디테일이 낮아지고, 타 셀러와 비교했을 때 비싼 가격으로 공급받게 됩니다. 이중 하나라도 발생한다면 절대 타 셀러를 이길 수 없습니다.

인터넷으로 소싱한 대부분의 아이템은 이미 어느 마켓을 가더라도 등록되어 있을 것입니다. 그 아이템은 마이너스로 마진을 맞춰도 그 가격보다 비쌀 것입니다. 내 살을 도려내면서 최저가 경쟁을 할 수밖에 없습니다. 시간이 지나면 결국 포기하고 다른 아이템을 찾게 됩니다.

이런 상황이 하루에 수십 번도 넘게 반복됩니다. 그렇게 되면 결국 포기하거나 다른 방법을 찾게 됩니다. 다른 방법을 찾게 된다면 그나마 다행이겠지만 거의 대부분 포기하는 경우가 됩니다.

한 가지 예를 들어, 대부분의 영세한 셀러들과 같이 제품을 사입하지 않고 내가 운영하는 마켓에 아이템을 판매한다 생각해 보겠습니다. 아이템을 화장품으로 가정해 보겠습니다.

이 화장품은 이미 국내 및 해외에서 많은 셀러들이 판매하고 있습니다. 그 셀러들은 어딘가 내가 알지 못하는 루트로 내가 구하는 가격보다 훨씬 싼 가격으로 공급받고 있습니다. 그들과 경쟁하는 방법이 있을까요? 그들보다 더 싼 가격에 공급받거나 많은 마케팅 비용을 들여 판매하는 방법밖에 없습니다.

처음부터 매달 광고비를 투자하면서 마케팅을 할 수 있을까요? 심지어 팔릴지 안 팔릴지 모르는 남의 제품을 내 돈을 들여 광고할 이유도 없습니다. 우리는 1인 기업이고 영세하기 때문입니다.

결국 몸을 굴릴 수밖에 없습니다. 그 화장품을 공급하는 업체를 찾아야 하고, 그들과 만나 이야기하고 더 저렴한 가격에 공급받아야 합니다.

공급을 사입으로 생각하는 분들이 많습니다. 하지만 이제는 셀러가 많이 영세해졌고, 그들은 사입할 수 있는 여력이 안 되기 때문에 많은 제조사나 유통사에서 '낱장사입'이라는 방법으로 물품을 공급하고 있습니다. 마켓에 아이템을 올려 판매가 되면 제조나 유통사에 주문내역을 보내고, 업체에서 고객의 집으로 배송을 대신해주는 방식입니다.

앞에서 설명했던 '셀러오션'이나 '유과연'에서도 이런 방식으로 공급하는 업체를 많이 볼 수 있습니다. 가능한 업체와 이야기해서 타 업체보다 유리한 조건은 아니더라도 경쟁할 수 있는 조건으로 계약을 해야 합니다.

기왕이면 유통사보다는 제조사를 찾아가 계약을 해야 중간 유통마진을 내 마진으로 돌릴 수 있습니다. 대형 브랜드 제품이라면 총판이 있으니 총판과 이야기해 보는 것이 좋으며, 중소기업 제품은 직판을 하는 경우가 많으니 직접적으로 연락을 취하는 것이 좋습니다.

무작정 찾아가는 것은 무리이기 때문에 홈페이지를 검색하여 연락처를 찾아 그쪽으로 메일이나 전화를 해야 합니다. 메일에 답장 여부는 신경 쓰지 않고 보내고, 정말 팔고자 하는 마음이 있다면 만나줄 때까지 전화해야 합니다. 한 업체에 올인하는 것이 아니라, 답장이 오기 전까지 다른 업체를 찾아서 메일을 보내야 합니다.

회사에 소속되어 영업을 하게 된다면 더 하기 싫은 것도 했을 것이니, 영업을 해봤다면 이 정도는 문제없을 거라 생각합니다.

연락이 되었다면 본인이 어떤 사람이고 어떤 일을 하는지 설명하고 최대한 빠른 미팅을 잡고 만나서 이야기를 나누는 것이 좋습니다.

하루씩 지체될 때마다 존재가 희미해지기 때문이기도 하고, 이렇게 연락하는 사람이 나만 있는 것이 아니기도 합니다.

만남 이후부터는 본인의 역량일 것입니다. 영업이란 것이 처음에는 서툴 수밖에 없습니다. 이번에 했던 미팅의 문제점을 체크하고 다음 미팅에 나가기 전 보완합니다. 다음 미팅에서 나온 문제점을 다시 체크하고 수정하며 보완을 계속 반복합니다.

누가 알려주는 영업 노하우는 그 사람이기 때문에 가능한 것이라고 생각합니다. 배워야 하는 것만 받아드리고, 무작정 따라하는 것이 아니라 나만의 방식으로 꼭 재가공해야 합니다.

많은 사람들이 미팅을 하면 아이템 자체에 대한 이야기를 하겠구나 예상하지만, 그것보다는 이 아이템의 시장성, 판매하려는 나라의 상황, 가능성에 대해 주로 이야기합니다. 판매하려는 나라의 인구, 이 아이템을 선호하는 사람이 많은지, 구매하는 사람의 평균 연령대는 어떠한지 주로 이야기합니다. 이 정도는 공부하고 방문하는 것이 좋습니다.

이때부터는 얼마나 많은 업체들과 미팅했는 지에 따라 성공률이 달라지게 되고, 앞으로 이아이템 소싱에 대한 자신감도 달라지게 됩니다. 세상에 내가 소싱하지 못할 아이템은 없게 된다는 생각을 할 수 있습니다.

이렇게 아이템을 소싱하게 되면 업체에서 주는 정보 그대로 상품을 등록하는 것은 아닙니다. 좀 더 기획해서 사진과 상품명, 키워드, 상세페이지 등 내가 판매하려는 마켓에 맞춰 올려야만 노력에 대한 보상을 얻을 수 있습니다.

대부분 업체에서 주는 정보는 그저 상품을 설명해 놓은 것입니다. 내가 판매하려는 나라의 사람들이 선호하는 방향으로 수정해야 하고, 업체와 정보를 공유해서 번역과 디자인을 해야 합니다.

셀러는 판매에 집중해야 합니다. 업체에서는 제품의 생산과 재고관리 등 판매 이전에 발생되는 모든 업무에 대해 책임감을 가지고 진행하고, 셀러는 상품 등록부터 주문, 배송 처리, 정산 CS 등 후작업을 합니다. 모든 작업을 직접 하게 되면 굉장히 힘들어집니다.

소싱을 해주는 입장에서 무료로 모든 업무를 해줄 이유는 없습니다. 그런 것은 자원봉사 그 이상 그 이하도 아닙니다. 여러분은 한 회사의 대표로, 직원이 없더라도 당당하게 요구해야 합니다.

우리가 없다면 업체는 사람을 직접 고용해서 매달 인건비를 지불하거나, 기존 직원에게 업무를 가중시키거나, 대표가 직접 해야 합니다.

그런 업무를 직접 모두 하게 된다면 그 회사에 봉사하는 것이 됩니다. 우리는 업체와 협업을 하는 것이지 하청이 아니기 때문에 당당해져야 합니다. 아무리 좋은 아이템이더라도 업체에서 협조적이지 못하면 나중에 잘 팔려도 문제가 생길 수 있습니다.

여기까지 진행되었다면 아이템 소싱에 대한 부분은 걱정 없습니다. 많은 사람들이 좋은 아이템을 소싱하는 법을 알고 싶어 하지만, 그런 것은 없습니다. 좋은 아이템은 내가 얼마나 발로 뛰어다니는가에 달려 있고, 발견해도 어떻게 소싱하는 지 모른다는 것이 문제입니다. 그렇기 때문에 위의 소싱 방법을 꼭 숙지하고, 나에게 어떤 방법이 잘 맞는지 실행으로 옮겨 직접 몸으로 느껴보기 바랍니다.

사입은 하지 말자

창업을 할 때 보통 그 비용에 관심이 많습니다. 사무실이나 매장을 운영해야 하고, 그로 인해 발생되는 공과금, 인건비 등 생각보다 많은 돈이 필요합니다. 하지만 글로벌셀러는 마음만 먹으면 무자본 무재고로 시작할 수 있다고 합니다.

특히 글로벌셀러라는 직종은 회사의 규모보다는 1인 기업의 형태가 대부분이기 때문에 사무실이나 매장 없이 거주지를 사업장으로 등록해서 시작할 수 있고, 재고도 보유하지 않고 판매할 수 있습니다.

하지만 사입을 생각하고 글로벌셀러를 시작하는 분이 많습니다. 강의를 하면서 느끼는 점이지만, 제조사나 유통사를 운영하는 것이 아니고 전혀 다른 일을 하던 사람이 한 아이템을 수백 개에서 수천 개 넘게 사입하는 경우가 있습니다.

왜 사업을 했는지 물으면, '아이템이 너무 좋아서' '시장성이 충분해서' '내 눈에 좋아 보여서' '잘 팔릴 것 같아서' 등 많은 이유가 있지만, 결과적으로 보면 내 눈에 보였기 때문입니다.

그럼 다시 물어봅니다. '사입한 아이템 수백 개를 다 팔면 순수익이 얼마나 떨어지나요?' 그러면 대부분 아무 말도 못합니다. 아이템의 재고를 전부 털기 위해 몇 개월이 소요되는지 물어도 대충 몇 개월 걸릴 것 같다고 이야기합니다.

그럼 계산을 해보겠습니다. 예를 들어, 화장품 1,000개를 사입해서 판다는 전제 조건을 생각해 보았을 때 하나에 순수익 4,000원 정도라면 400만원의 순수익이 생깁니다. 1,000개를 다 파는 기간을 생각해보면 사입한 제품이 대부분 중소기업의 것입니다.

해외에서도 인지도가 거의 없다고 봐도 무방하므로 1,000개의 재고를 소진하기 위해서는 짧아도 3개월이라는 시간이 걸린다고 볼 수 있습니다. 한 달에 약 130만원의 수익이 발생합니다. 말이 3개월이지 더 걸릴 수도 있습니다.

한 달에 130만원도 안 되는 돈을 벌기 위해 수백 만원에서 수천 만원을 투자한 겁니다. 2018년노 기준 최저 시급으로 계산해도 한 달에 150만원 이상은 벌 수 있는데, 너무 비효율적인 한 달이 되어 버립니다.

내 자본금을 이미 투자한 상황에서 순수익을 내기 위해 기존처럼 사입을 하려 해도 자본금이 없기 때문에 불가능합니다.

계속 사입할 수 있는 여유가 있다면, 글로벌셀러를 하고 있지 않겠죠. 정산을 받고 다시 사입하면 되지 않겠냐 하겠지만, 정산 주기가 기본 한 달이 넘어가고, 한 번에 목돈이 들어오는 것이 아니기 때문에 모으는 기간도 꽤 걸립니다.

그렇다면 인지도가 높고, 이미 잘 팔리고 있는 아이템을 사입하면 되겠다고 생각할 수 있습니다. 잘 팔리는 아이템을 사입할 때는 더 큰 문제점이 있습니다.

이미 인기가 있기 때문에 소량의 사입이 불가능하고, 제품 가격이 다른 사람과 차이가 벌어지기 때문에 엄청 많은 양을 사입하지 않으면 내 마진을 계속 줄이면서 최저가를 맞출 수밖에 없습니다. 그리고 인기 있는 제품은 이미 많은 셀러가 판매 중이기 때문에 그들과 경쟁에서 살아 남기 힘듭니다. 아직 너무 초보라 판매 스킬에서 떨어질 수밖에 없고, 그들은 광고까지 하면서 판매하는 곳이 대부분이기 때문에 자본력에서 부족할 수밖에 없습니다. 차라리 인지도가 없는 아이템을 발굴해서 직접 키우는 것이 더 낫습니다.

사입을 하게 되면 악성 재고에 대한 부담을 항상 가질 수밖에 없습니다. 재고를 전부 소진하기 전까지는 이 아이템 판매에 매진할 수밖에 없습니다. 더 좋은 아이템이 세상에는 많은데, 그것을 찾으러 나갈 정신적인 여유도 없고 기회도 사라집니다.

그리고 대부분 집에서 업무를 하게 되는데 사입을 하면 재고를 집에 쌓아 두게 됩니다. 창고를 빌리면 그로 인해 발생되는 부대비용 때문에 순수익은 더 떨어지게 될 것이고, 사입을 했기 때문에 포장 업무도 직접 하게 됩니다. 그로 인해 박스도 사야 하고, 아이템을 쌓아놓은 공간에 박스까지 함께 두어야 합니다. 포장을 하면서 발생되는 부대비용의 부담과 더불어, 집은 더 이상 편히 쉴 수 있는 공간이 아닌 사업장이 되기 때문에 정신적인 스트레스도 무시할 수 없습니다.

경제적으로 여유 있는 것이 아니기 때문에 글로벌셀러답게 일을 해야 합니다.

초보일 때는 특정 제품의 판매를 위해 노력하는 것보다 다양한 제품을 직접 보고 느끼고 판매해 봐야 하는데, 기초를 다져야 할 시기에 요령만 배우게 됩니다. 아이템을 보는 눈이 없는데 어떻게 소싱을 하고 사입을 할 것이며, 다양한 제품을 판매해 본 것도 아닌데 잘 맞는 아이템, 잘 파는 아이템을 찾을까요?

어떤 제품이 요즘 잘 팔리는지, 앞으로 팔리게 될 것인지에 대한 고민을 하지 못하고, 제품 하나에 집중하게 되는 결과는 내가 원하는 것이 아닐 것입니다.

사입의 부정적인 면에 대해 설명했지만, 분명 장점도 있습니다. 사입을 하게 되면 싼 가격에 물품을 가져올 수 있기 때문에 판매가가 떨어지며, 직접 재고 관리를 하기 때문에 품절 문제가 생기지 않습니다.

필자도 사입을 안 하는 것은 아닙니다. 하지만 항상 전제 조건을 두고 진행하고 있습니다.

① 매일 못해도 10개 이상 나가는 아이템
② 같은 아이템을 판매하는 셀러 경쟁자가 5명 이하일 때
③ 해당 아이템을 제조하는 곳과 직접적인 연락이 가능하고 가깝게 지내는 곳일 때

이런 조건이 충족될 때 사입을 하고 있습니다.

처음부터 사입을 고려하지 않고, 다양한 제품을 소싱하고 판매하려는 마켓에 리스팅 후 판매를 시작합니다.

1번 조건을 만족하기 시작하면, 2번 조건을 만족시키는지 확인하고, 3번 조건을 위해 밖으로 나가서 해당 업체와 미팅을 하고 사입을 합니다. 사입한 뒤에는 1번 조건을 만족시키는 중이기 때문에 크게 신경 쓰지 않고 또 다른 새로운 아이템을 소싱하는 것에 시간을 투자합니다. 어차피 매일 팔리고 언젠가는 다 팔리기 때문입니다.

그리고 이미 팔리고 있는 제품이기 때문에 사입을 하면서 판매가를 떨어뜨리게 되고, 주문량은 10% 이상 상승하게 됩니다. 마진도 더 남길 수 있기 때문에 전체 순수익도 계속 상승합니다.

어차피 사입을 하더라도 위 조건을 만족시키지 못하고 리스크가 너무 큽니다. 하지만 만족시키고 사입을 할 경우에는 리스크가 거의 없습니다. 같은 돈을 쓰더라도 기초를 탄탄하게 다지고 능력을 키운 뒤에 쓰는 것이 보다 효율적이고 장기적으로 건강한 회사를 만들 수 있습니다.

그 과정이 힘들고 어렵고 매 순간 포기하고 싶겠지만 넘어서야 합니다. 내 자신을 넘어서야 다른 경쟁자도 넘어설 수 있습니다. 아이템을 사입하기보다는 내 자신의 능력을 키우는 데 집중하고 투자하여 이후 사업을 고려했으면 좋겠습니다.

나에게 맞는 마켓을 찾아라

준비 교육은 최소한으로, 경험은 최대한으로

사람들의 성향은 비슷한 것 같습니다. 어떤 일을 시작할 때 모르는 것은 제쳐 두고서라도 스스로 만족할 수 있는 수준까지 알기 희망합니다. 어떤 면으로는 괜찮은 듯하며, 도움이 되는 부분도 있지만 다른 면으로 볼 때는 그렇지 않습니다. 간혹, 확실히 이론적인 부분을 정확히 알고, 다양한 정보를 모아서 공부한 뒤에 시작하고자 하는 사람들도 있습니다. 필자도 그랬던 것 같습니다. 나이를 먹다 보니 도전에 대한 용기보다 두려움이 커졌던 것 같습니다.

실제로 겪어보니 셀러로서 할 수 있는 부분의 교육만으로도 충분히 시작할 수 있었습니다. 실력면에서 크게 늘게 된 이유로의 교육은 미미할 정도입니다. 오히려 셀러를 시작해서 아이템을 찾으러 수많은 사이트에서 상품을 보고, 주기적으로 판매 분석을 통해 셀링 방식을 수정하면서 셀러로서의 실력이 크게 향상된 것 같습니다.

그리고 판매를 통해 생긴 다양한 시행착오를 통한 무수한 경험이었던 것 같습니다.

함께 교육을 받고 같이 시작했던 다른 셀러들과 교류를 통해 얻는 정보도 무시 못합니다. 어떻게 보면 같이 교육받은 다른 셀러들이 경쟁자라고 생각될 수도 있습니다. 하지만 필자는 그렇게 생각하지 않습니다.

필자는 첫 국비 교육, 또 다른 교육을 통해 같이 강의를 들었던 다른 셀러들과 여전히 교류 중입니다. 여러 정보를 교류하면서 본인이 알지 못했던 정보와 간접적 경험들을 얻을 수 있었습니다. 글로벌셀러를 시작하게 되는 순간 외롭다는 생각이 많이 들어서인지, 그렇지 않아도 힘든 사업인데 더 힘든 느낌이 듭니다. 이 사업에 대해 아는 누군가와 힘든 점을 서로 공유하고 이야기하는 것은 스스로에게 위

안이 되면서, 힘이 되고 자극도 됩니다. 그러한 존재가 같이 교육받는 분들입니다. 그러니 같이 교육받는 사람을 경쟁자라고 여기지 말고, 꾸준히 인간적인 교류를 이어가기 바랍니다.

교육적인 측면보다 다른 부분을 강조한 이야기는 전적으로 경험에서 얻어진 것입니다. 교육을 통해 오픈마켓의 시스템과 매입한 상품의 배송, 결제 등 여러 절차적인 부분을 배웠다면, 바로 셀러의 세계에 뛰어들면 됩니다. 진정한 배움은 이 순간부터입니다.

글로벌셀러에 관심을 두었다면 다음과 같은 형태로 준비하면 좋습니다.

가장 우선 순위로 고려해야 할 사항은 어떤 형태로 글로벌셀러를 할 것인지 정해야 합니다. 예를 들면, 해외의 상품을 국내 오픈마켓을 통해 판매할 것인지, 국내 상품을 해외 오픈마켓에 판매할 것인지, 해외 상품을 해외 오픈마켓에 판매할 것인지 정해야 합니다.

두 번째로, 여러분이 정한 형태의 방식에 맞는 오픈마켓을 선택해야 합니다. 해외의 상품을 국내에 판매할 경우 스토어팜, 머스트잇 등 국내 상품을 해외로 판매할 경우 아마존, 이베이, 큐텐 등에서 선택합니다.

해외 상품을 해외로 판매할 경우, 11st 말레이시아만이 유일한 것 같습니다. 현재 라자다는 신규 크로스 보더 셀러의 가입을 받지 않고 있습니다. 라자다 이외의 다른 오픈마켓의 경우에는 해외의 소싱처에서 본인이 입점하는 마켓이 속한 나라에 배송이 되는지 확인해서 찾는 수밖에 없습니다. 이 부분은 개인적으로 찾기 어려울거라 생각됩니다.

이 모든 경우에도 앞에서 설명한 것처럼 오픈마켓의 계정 생성을 위한 사업자등록증이 필요합니다. 이베이와 같이 사업자등록증 없이 판매 가능한 곳도 있습니다. 그리고 국내 계좌와 필요한 경우 해외 계좌를 만들어야 합니다. 계정 생성과는 상관없지만 통신 판매업 신고도 해야 합니다. 그리고 국내에 화장품을 판매하고자 하는 경우에는 화장품 제조판매업 신고를 수입 대행형 거래 유형으로 등록필증을 발급받아야 합니다.

해외 상품을 국내에 판매

❶ 해외 직구 경험이 있는 경우

구매대행 형태로 글로벌셀러를 하기 때문에 교육은 크게 필요 없습니다. 사업자, 통신 판매업, 국내/해외 계좌를 만들어, 본인이 입점하고자 하는 오픈마켓에 계정을 생성하고 바로 판매를 시작합니다. 구매대행 방식은 거의 직구와 유사합니다. 다른 점은 배송 대행지 신청서에 배송받는 사람의 정보를 본인의 것이 아니라, 구매자의 것을 넣는 것입니다. 그럼에도 스스로 교육이 필요하다고 느끼면, 국비 교육 과정 중 구매대행에 관한 것이 있는지 확인합니다.

단, 국비 교육을 받기 위해서는 사업자등록증이 필요합니다. 국내 구매대행은 단 한 번의 교육만으로 더 들을 필요는 없습니다. 국비 교육이 없다면, 사설 업체를 통해 비용을 지불하고 수강해야 합니다. 이후부터는 스스로가 경험을 쌓으면서 분석과 판매에 집중하면 됩니다.

❷ 해외 직구 경험이 없는 경우

해외 직구 경험 자체가 없다면, 교육은 반드시 필요합니다. 국비 교육에 구매대행 교육이 있는지 확인해 보면 됩니다. 당연히 사업자등록증도 필요합니다. 일반 교육 회사에서 국내 구매대행 관련 과정이 있다면, 1~2주 기간으로 개설된 기초적인 내용만 들으면 됩니다.

단순히 설명회를 들으라는 것은 아닙니다. 설명회는 교육 업체에서 홍보하는 수단일 뿐입니다. 설명회를 통해 업체의 교육생 모집을 위한 홍보 수단으로 사용함에도 불구하고, 참석 비용을 왜 받는지 아직도 이해가 되지 않습니다. 설명회에서는 글로벌셀러에 대한 관심만 크게 얻어올 뿐입니다. 국내 구매대행에 필요한 교육은 기초적인 부분입니다. 비싼 비용으로 중급, 심화 과정을 들을 필요는 없습니다. 그래도 본인이 원한다면 하나만 더 추가해서 듣기 바랍니다.

국내 상품을 해외에 판매(역직구)

이베이를 선택했다면 비용을 들여 교육받지 않아도 됩니다. 이베이 셀러 공식 지원 카페에 가입해서 교육 일정을 확인한 다음, 방법에 따라 신청하면 됩니다. 교육 자체가 무료이며, 좋은 강사들이고, 온라인 교육도 있습니다. 참고로 필자는 이베이와는 전혀 무관한 사람이며, 이베이 측에서 어떠한 혜택도 제공받지 않고, 이베이에서는 이런 책이 있는지도, 필자가 누군지도 모릅니다.

이베이를 선택했다면 오프라인 교육에 참석하기 바랍니다. 이베이 교육은 무료입니다. 교육생을 대상으로 이베이에 일정 부분 혜택도 줍니다. 그렇기 때문에 굳이 비용을 지불하며 다른 곳에서 들을 이유가 전혀 없으며, 이러한 혜택도 제공받지 못합니다.

필자도 이베이의 교육이 어떻게 진행되는지 궁금해서 1회의 오프라인 교육과 2회의 온라인 교육을 늘어 보았습니다. 이베이를 하고자 한다면 이 곳에서의 교육을 무료로 꼭 수강하기 바랍니다.

다른 해외 오픈마켓을 한다면, 특화된 교육을 직접 찾아서 들어야 합니다. 이베이를 하지 않더라도 시간적 여유가 있다면, 이베이 온라인 교육을 들어보는 것도 좋습니다. 몇 가지 공통 사항들이 다른 마켓에도 동일하게 적용되는 부분이 있습니다.

해외 상품을 해외에 판매

해외 상품을 해외에 판매하고자 할 경우, 기존에는 라자다가 가능했습니다. 그러나 지금은 라자다에서 신규 크로스 보더 셀러를 받지 않는 상황입니다. 향후 신규 크로스 보더 셀러를 받는다면 판매가 가능할 것 같습니다. 기약없이 기다려야 할 뿐입니다. 지금은 유일하게 11st 말레이시아만이 가능합니다.

그리고 다른 어떤 마켓에서 이런 형태가 가능한지는 여러분이 직접 확인해야 합니다. 소싱처가 있는 국가에서 여러분이 선택한 오픈마켓이 있는 국가로 배송 가능한지 여부, 배송 기간, 해당 오픈마켓의 허용 여부 등 직접 알아봐야 하는 번거로움이 있습니다. 그렇기 때문에 시작하는 셀러 입장에서 이런 부분을 알아본다는 것은 굉장히 어렵습니다.

해당 오픈마켓에 적당한 교육이 없거나, 마땅치 않으면 해외 상품을 해외에 판매하는 방식은 잠시 보류하고, 다른 형태의 판매 방식으로 경험을 쌓아서 실력을 늘리고 때를 기다리는 것이 좋습니다.

교육적인 측면에서 볼 때, 해외 상품을 국내에 판매하는 것과 국내 상품을 해외에 판매하는 부분을 합쳐 보면 됩니다.

종합해 보면, 교육이 필요하다면 판매 방식에 따라 1회 정도의 교육을 받고, 이왕이면 비용을 아끼는 차원에서 무료 교육이나 국비 교육을 적극적으로 활용하기 바랍니다. 나머지는 셀러 특성 상 스스로의 경험을 토대로 실력을 향상시킬 수밖에 없습니다. 대부분의 경험은 특정 문제가 발생했을 때 이를 해결하는 과정에서 벌이집니다. 특정 문제라고 함은 주문 결제 취소, 배송 실패, 리턴, CS 등에 대한 부분입니다. 이러한 문제를 해결하기 위해 스스로 분석하고 방법을 찾는 과정에서 실력이 크게 향상됩니다.

그리고 이런 교육, 저런 교육을 받고 준비해도 심적으로 영어에 대한 두려움이 있어 주저할 지도 모릅니다. 영어에 대한 부담이 생기는 것은 어쩔 수 없는 부분입니다. 글로벌셀러를 하고자 마음 먹었지만 단지 영어 때문에 주저한다면, 걱정하지 않아도 됩니다.

필자 역시 글로벌셀러를 하기 전, 약 10년 동안 영어를 전혀 접하지 않아 영어에 대한 부담이 있었습니다. 막상 셀러 일을 해보니 오히려 영어가 친숙하게 다가올 줄은 예상하지 못했습니다.

우리는 대부분 학창 시절에 영어를 배웠습니다. 그리고 요즘은 번역기도 많이 좋아졌기 때문에 이 정도면 충분합니다. 번역된 영문을 약간 수정할 수 있는 실력이면 됩니다. 셀링을 하다 보면 비영어권 국가에서 셀링을 하게 되는 경우도 있으며, 영어권 국가이기는 하나 현지 자국어까지 두 개의 언어가 공존하는 국가에서 셀링을 하는 경우도 있습니다.

다행인 것은 고객과 직접 전화로 대화할 일은 거의 없습니다. 채팅이나 게시글을 통해 문자로 소통하게 됩니다. 그리고 다양한 언어로 질문을 받기 때문에 무슨 말인지 하나도 모르는 경우도 있습니다. 그럴 때 영어로 된 질문을 보면 상당히 반갑기도 합니다. 영어가 친숙하다고 느껴질 줄은 몰랐습니다.

글로벌셀러를 시작하게 되면, 듣고 배운 모든 것들 중 많은 부분을 쓰지 않을 수도 있습니다. 다시 이야기하지만, 셀링을 하면서 직접 겪은 문제를 해결하는 과정에서 스스로의 실력이 향상됩니다.

셀러는 경험을 통해 실력이 향상됩니다. 영어도 마찬가지입니다. 직접 부딪쳐 다양한 경험을 쌓기 바랍니다.

어떤 마켓을 해야 하나?

글로벌셀러를 시작하면서 가장 중요한 것은 '어떤 마켓을 선택하고 집중할 것인가'입니다. 많은 사람들이 여러 해외 마켓을 동시에 운영하면서 많은 매출을 올리기 원합니다. 하지만 생각보다 힘들고, 하나의 마켓에 쏟을 열정이 분산되면서 어느 마켓도 주력이라 할 수 없어져 매출도 떨어지게 됩니다.

한 마켓에서 한 달에 천만원 이상의 매출을 보고, 다른 마켓으로 확장하는 것이 좋습니다. 그전에 어떤 마켓으로 시작을 해야 하는지 선택해야 합니다.

아마존, 이베이, 타오바오, 큐텐, 라자다, 11번가, 그 외 많은 마켓이 있습니다. 쉽게 접할 수 있는 마켓은 이 정도가 있는데, 여기서 생각해 봐야 합니다.

'어떤 마켓을 할까?' '아마존이 제일 유명한데 아마존을 해볼까?' '역사가 그나마 오래된 이베이를 해볼까?' '중국 시장을 노려서 타오바오를 해볼까?' '요즘 제일 핫한 라자다를 해볼까?' 확실한 것은 어느 마켓을 선택해도 쉽지 않다는 것입니다.

인터넷이나 책에서 접하는 각 마켓의 특성은 꿈과 희망으로 가득해 배우기만 하면 다 될 것처럼 보이지만, 생각하지도 못한 변수들이 많이 발생합니다.

한 예로, 어느 화장품 회사에서 라자다와 아마존으로의 판매대행 의뢰가 들어와 미팅을 했었습니다. 화장품 회사의 대표님과 미팅을 하게 되었고, 제품도 괜찮았으며, 직원도 많아서 자체적으로 얼마든지 판매가 가능할 것 같아 보였습니다.
그래서 굳이 맡기지 않고, 직접 해도 좋을 것 같다고 말씀드렸더니 대표님께서는 이미 회원가입도 했었고 자체적으로 하기 위해 공부도 하다가 포기했다고 했습니다.

그 이유는 '성질이 나서 못하겠다'였습니다. 이때가 약 1년 전이었는데, 회원가입 절차가 한 달 정도 소요되었고, 회원가입 후 물품 검수과정이 복잡했습니다. 지금은 한 개만 통과되면 가능했지만, 당시엔 20개~50개를 등록한 뒤 모두 통과되어야 셀러 승인이 되었습니다. 이후 상품을 등록할 때마다 아이템이 바로 쇼핑몰에 노출되는 것이 아니라 검수를 통과해야 했고, 검수 하나 통과되는데 7일~15일 정도 소요되었습니다. 물론 지금은 많이 편해졌습니다.

회원가입을 신청하는 데 몇 주가 걸리고, 상품 50개 등록하고 검수받는 것도 감당하기 어렵고, 무엇보다 매번 상품을 등록할 때 검수받는 것도 스트레스를 받아 속도감도 너무 느려서 하나하나 신경쓰기에는 무리가 있다고 했습니다.

알고 시작한 것이 아니기 때문에 자세하게 알려주는 사람도 없었고, 인터넷에 있는 정보로는 그저 가능해 보여서 시작한 것인데, 시작부터 정신적으로 스트레스가 쌓일 줄은 몰랐다고 했습니다.

그래서 아마존으로 다시 셀러 등록을 하고 시작했지만 화장품은 카테고리 승인이 필요한지도 몰랐고, 라자다와 다른 느낌으로 까다롭고 복잡하여 힘들었다고 했습니다.

무엇보다 대표 본인의 성향과 라자다의 규정이 너무 맞지 않아서 힘들었으며, 아무리 시장성이 있다고 하더라도 진행하기에는 무리가 있다고 했습니다. 그래서 직원을 가르치거나 새로 뽑기도 힘들어 의뢰하게 되었다고 했습니다.

결정적으로 본인의 성격이나 성향이 가장 큰 문제입니다. 빠르게 일처리를 해야 하고 답답한 것은 못 참고 빨리 결과를 내기 원하지만, 라자다는 기대와 달리 한없이 느긋한 마켓이기 때문입니다. 이것은 라자다 그들의 성향이기도 합니다.

우리가 어떻게 할 수 있는 부분이 아닙니다. 맞지 않는 마켓을 선택해서 시간을 허비하기보다는, 처음부터 자신에 대해 정확하게 판단하고 해당 마켓의 규정과 정책을 찾아보면서 적응할 수 있을지 확인해야 합니다.

필자도 처음에는 해외 구매대행을 시작했지만, 적응하지 못한 채 아마존을 시작했고, 역시나 적응을 하지 못해 이베이를 시작했고, 또 적응하지 못해서 큐텐을 했다가, 11번가 말레이시아를 했다가, 결국 남은 곳은 라자다였습니다. 여기 아니면 더 이상 갈 곳이 없다는 생각에 자신을 그 마켓에 맞추게 되었고 어느 정도 성공할 수 있었습니다.

그렇게 라자다에 적응하면서 느낀 것은 '미리 알고 들어왔다면 시간과 돈을 아낄 수 있었을 텐데'입니다. 그리고 마켓별로 달라도 너무 다릅니다.

이 글을 읽는 분들은 이와 같은 실수는 경험하지 않았으면 좋겠습니다.

해외 온라인 마켓별 특징

각 마켓별로의 특징을 어느 정도는 알고 가야 합니다. 무작정 도전하기에 시간과 돈은 한정되어 있기 때문입니다. 여기에서는 마켓별로 자세한 내용은 다루지 않고, 꼭 집고 넘어가야 하는 부분만 설명하겠습니다. 해외마켓은 정책이나 규정이 자주 바뀌기 때문에 항상 해당 마켓에 들어가서 확인하는 습관이 필요합니다.

아마존

아마존은 크게 설명하지 않아도 될 정도로 인터넷에 많은 정보들이 돌아다니고 있습니다. 다른 마켓 대비 가장 큰 장점은 'FBA'라는 물류 시스템을 이용한 프라임 서비스가 있습니다.

FBA는 아마존 자체 창고에 물건을 입고시킨 후 주문이 들어오면 아마존 창고에서 바로 구매자에게 배송을 해주는 시스템입니다. 한 번에 대량으로 제품을 입고시키기 때문에 개별로 한국에서 배송할 때보다 배송비를 절약할 수 있습니다. 그렇기 때문에 판매가를 줄이는 계기가 되며, 한국에서 배송이 출발하는 것보다 고객도 빠르게 받을 수 있기 때문에 FBA로 입고되어 있는 상품을 선호합니다.

아마존 프라임 서비스를 이용해서 프라임 상품을 구매하게 되면 FBA로 입고된 상품을 아마존이 직접 발송하여 미국 내 2일 안에 배송이 완료되는 장점이 있습니다. 많은 매출을 기대하기 위해서는 FBA 입고 후 판매는 선택이 아닌 필수로 자리잡고 있습니다.

반면, FBA를 이용할 때 무자본 무재고인 글로벌셀러는 이용에 제약이 생깁니다. FBA는 아마존 창고에 재고를 보유해야 하기 때문에 사입을 해서 보내야 하는 전제 조건이 발생합니다. 앞에서 언급했듯이 글로벌셀러에게 사입은 추천하지 않습니다.

하지만 아이템을 직접 제조하거나 재고를 보유하고 유통하고 있다면 정말 좋은 시스템입니다. 글로벌셀러도 가능성이 있는 제품은 소량 사입 후 FBA를 활용해 판매하는 것도 좋습니다. 이는 아마존에 한정된 사항입니다.

아마존은 자체 광고가 굉장히 중요합니다. 광고를 효율적으로 어떻게 운영하는지에 따라 매출이 달라집니다. FBA로 입고 후 프라임으로 판매를 시작하더라도, 광고를 하지 않으면 판매가 부진할 수밖에 없습니다.

그렇기 때문에 FBA로 입고할 때 발생되는 사입 비용, 물류 비용, 매달 발생되는 광고비 때문에 초기 자본금이 필요합니다. 이 문제로 글로벌셀러에게는 진입 장벽이 어느 정도 존재합니다.

그래서 '셀 유 어스'라는 시스템을 통해 다른 사람이 올려 놓은 제품을 가격만 수정해서 판매도 가능합니다. 판매가 이루어지면 FBA에서 발송되는 것이 아니라, 직접 물품을 구해서 보내거나 사입해서 FBA에 입고 후 판매가 가능합니다.

하지만 셀 유 어스는 경쟁이 정말 치열합니다. 다른 사람의 아이템을 그대로 이용하는 것이므로 본인의 아이템은 없고, 매순간의 판매가로 피말리는 치킨 게임이 발생됩니다. 그렇기 때문에 셀 유 어스는 아마존에 적응하기 위해 사용하는 정도로 권장합니다.

아마존 미국에 진출하면 멕시코와 캐나다 동시에 판매가 가능하며, 미국 진출에 성공한 상품들을 다시 아마존 영국에 출시하면 유럽으로도 진출이 가능합니다.

아마존 호주가 안정적으로 운영되기 시작하여 북미, 유럽, 오세아니아 3개 대륙에 진출이 용이합니다. 또한 온라인 실무 경험을 쌓고 경쟁력 있는 핵심 역량을 길러 취업 및 창업에 활용도가 가장 높은 세계 최대의 글로벌 오픈마켓입니다.

아마존은 셀러로서 언젠가는 해야 하는 마켓입니다. 회사 입장으로 봐도 100만원 투자해서 100만원을 벌기는 힘들지만, 1억 투자로 10억 매출을 내기에는 좋은 곳입니다. 그리고 모든 오픈마켓 중 가장 어려운 마켓이기 때문에 다른 마켓을 해보고 아마존에 도전하면 훨씬 수월할 것입니다. 아마존에서는 영어가 필수입니다.

라자다

2016년도부터 정말 열풍이라 불릴 정도로 뜨거웠던 마켓이 바로 '라자다'입니다. 아마존의 까다로운 정책과 규제 때문이기도 하지만, 이미 포화 상태라고 판단한 업체와 개인이 새로운 돌파구로 생각한 곳이기도 합니다.

동남아시아의 빠른 발전에 맞춰 새로운 판로가 생김에 많은 사람들이 기뻐했습니다. 라자다 하나만 운영해도 동남아 5개국(말레이시아, 인도네시아, 태국, 필리핀, 싱가포르)에 판매가 가능하기 때문입니다.

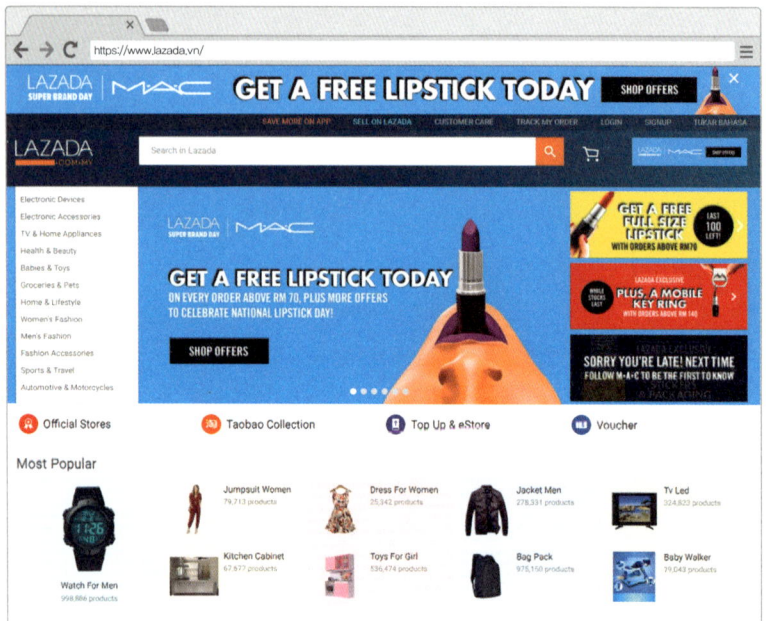

필자도 라자다 전문 셀러입니다. 또한 라자다 강사로 활동하면서 매달 쉬는 날이 없을 정도로 강의 요청이 많았습니다. 20대 초반부터 60대까지 정말 다양한 연령이 라자다를 배우고 싶어 했고, 지금도 기업체와 정부기관, 대학교에서 라자다 강의 요청이 쏟아지고 있습니다.

예전에는 정말 느린 업무 처리 때문에 회원가입만 한 달 정도 소요되었고, 하나의 상품을 마켓에 노출시키는 데까지 '상품 등록 → 상품 검수(약 7일~15일) → 검수 완료 후 마켓 노출'이라는 단계를 거쳐야 했습니다. 만약 상품이 검수에서 탈락되고 재수정을 하게 되면 다시 검수 1일 차부터 시작되는 단점도 있었습니다.

한국인 특유의 빨리 빨리라는 문화적 특성을 고려했을 때 정말 힘들었습니다. 그래서 쉽게 생각하고 시작했다가 많은 사람들이 포기하기도 했습니다.

지금은 회원가입 절차도 많이 간소화되었고, 상품 검수도 당일 완료되는 경우도 많아졌습니다.

알리바바에서 라자다에 40억원을 투자하면서 굉장히 많은 것들이 빠르게 변하고 있습니다. 시간이 지날수록 알아야 할 것도, 배워야 할 것도 점점 많아지고 있습니다. 기존 라자다 셀러는 바뀐 부분만 캐치하면 되기 때문에 상대적으로 유리한 자리에 있습니다.

하지만 라자다도 현재 중국 저가 제품이 강세이기 때문에 상대적으로 품질은 좋으나 가격이 다소 높아서 판매가 저조한 것도 사실입니다. 그로 인해 한국 셀러에 대한 지원도 점점 줄어들고 있습니다. 이는 미국 발 라자다라는 판매 방식이 가져다준 폐해가 아닐까 생각합니다.

그 이유로 볼 수 있는 것이 라자다는 'LGS'라는 자체 배송 시스템이 있습니다. 모든 셀러가 LGS에 물품을 보내면 라자다가 고객에게 책임지고 배송해 주는 시스템입니다.

한국을 제외한 셀러는 모두 홍콩 LGS로 보내야 합니다. 하지만 한국 셀러는 서울에 LGS가 있어서 해외 배송을 할 때 굉장히 편합니다.

라자다가 직접 한국에 물류 센터를 만들어 줄테니, 한국 셀러가 한국 물품을 많이 판매해줬으면 하는 바람으로 LGS가 만들어 졌을거라고 생각합니다. 하지만 기업을 제외한 라사나를 시작히는 글로벌셀러는 미국 아마존에 있는 제품을 그대로 복사해서 라자다에 등록 후 판매하는 미국 발 라자다라는 시스템으로 시작합니다.

라자다의 의도와 다르게 판매를 하고 있는 것입니다. 장기적으로 보면 결코 한국 셀러에게 득이 되는 방식은 아닐 것입니다.

매출을 내는 방식에 규정이 있는 것은 아니지만 장기적으로 라자다를 계속 이용할 생각이라면 한국 제품을 소싱해서 판매하는 것에 집중해야 합니다.

라자다는 전산이 다른 마켓에 비해 정말 쉽고 직관적이기 때문에 적응하기 좋습니다. 이제 시작하는 초보들이 해외 오픈마켓을 배우기 가장 좋은 곳이라 생각합니다. 우리말로 하면 판매자지원센터(PSC)에도 영어가 아닌 한국어로 문의가 가능해서 영어를 못해도 쉽게 문제를 해결할 수 있습니다.

하지만 규제나 정책이 빠르게 변하고, 그 속도감을 이겨내기 위해 꼼꼼함이 많이 강조됩니다. 동남아 트렌드도 빠르게 변하고 있어서 스스로 따라가기보다 앞서가야 다른 셀러와의 경쟁에서 살아남을 수 있습니다. 광고 시스템이 아마존처럼 체계적으로 되어 있는 것이 아니기 때문에 셀러의 기본기(키워드, 사진, 상세페이지, 마케팅)가 가장 강조되는 마켓입니다. 이 기본기도 좀 더 발전시켜 동남아와 라자다에 맞춰진 것으로 바꿔야 합니다.

아직은 수정 보완을 중심으로 하는 마켓이라 아마존처럼 광고로 매출을 내기에는 무리가 있습니다. 계속 새로운 것을 시도하고 발전하는 마켓이기 때문에 기본기에 충실하고 바뀌는 트렌드에 민첩하게 행동해야 합니다.

동남아를 고려한다면 라자다가 절대적이라고 생각합니다.

이베이

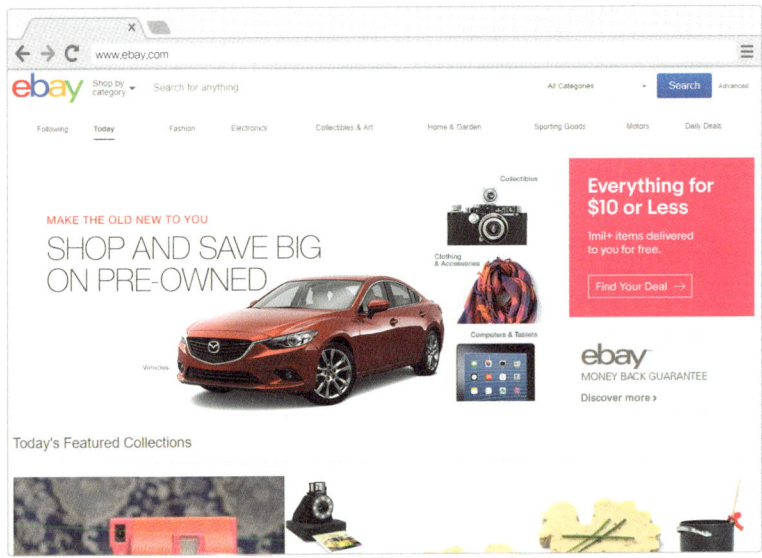

이베이는 다른 오픈마켓과 달리 굉장히 자유롭습니다. 이베이 셀링을 보완해주는 웹 프로그램도 많이 개발되어 있고, 배우기도 쉽습니다.

특히 이베이 본사에서는 매년 '이베이 수출 스타'라는 프로그램을 통해 신입 셀러를 유치하고, 기존 셀러를 위해 많은 프로모션을 진행하고 있습니다.

이베이 교육도 본사에서 무료로 진행하고 있으며, 특별한 내용이 아니라면 유료로 강의를 들을 필요가 없을 정도로 본사 교육이 잘 되어 있습니다. 과거 수출 스타를 통해 이베이를 배웠는데, 수출 스타 하나만으로도 이베이에서 셀링을 하는 데 전혀 지장이 없었습니다.

이베이는 미국 마켓으로 아마존과 계속 비교당해왔고, 지금은 아마존이라는 이름에 비해 파워가 약하다는 건 누구나 아는 사실입니다. 아마존은 정돈된 오픈마켓이라는 느낌이 강한데 이베이를 해보면 알겠지만, 우리나라로 따지면 중고나라 같은 느낌이 강합니다. 굉장히 자유롭고 판매하는 제품에 대해 제재도 많이 없으며 중고 제품도 판매가 가능합니다.

하지만 그만큼 셀러 중에 입금을 받고 배송하지 않는 경우도 많습니다. 그래서 구매 전 내가 원하는 아이템을 판매하는 셀러가 제대로 거래하는 셀러인지 확인하고, 셀러와 바이어와의 대화 내용으로 긍정적인 평가를 얼마나 많이 받았는지 셀러 등급도 확인합니다. 한마디로 CS가 중요한 마켓입니다.

이는 아이템보다 신뢰도가 높은 셀러가 되기 위해 노력해야 합니다. 우리나라 셀러의 성향을 보면 대부분 아이템과 가격에 집중을 하는 것이 강하고, CS를 어려워하는 경우가 많은데 이럴 경우 좀 피곤해질 수 있습니다.

아마존이나 라자다와 달리 자체 배송시스템이 없기 때문에 모든 주문 건에 대한 배송을 셀러가 직접 해야 합니다. 고객의 집 앞까지 해외 배송이 가능한 우체국이나 배송대행사, 해외 특송사를 이용해 발송해야 됩니다.

이것은 업체에서 직접 발송하게 하는 것은 생각보다 어렵다는 이야기가 되고, 사입을 해서 직접 포장 후 발송을 하거나 물품을 구매해 직접 받아서 포장하여 해외로 발송을 해야 한다는 것입니다. 사입에 대한 부분은 앞에서 다시 한 번 확인해 보면 좋습니다.

그래도 이베이는 자신만의 가장 큰 장점이 있습니다. 판매 가능 국가가 자유롭기 때문에 마음만 먹으면 이베이 하나로 전세계 사람들에게 판매가 가능합니다. 러시아, 영국, 중동, 남미에도 판매가 가능합니다.

이베이는 또한 국내에 지마켓과 옥션을 운영 중이고, 일본에서는 큐텐 재팬을 인수하여 운영 중입니다. 개인보다는 재고를 두고 회사의 규모로 움직이는 곳에서 셀링을 하면 좀 더 수월한 곳입니다.

또한 미국 내 판매가 많기 때문에 유창한 영어가 된다면 좋겠지만, 번역기 정도로도 충분합니다.

큐텐

큐텐도 라자다와 같이 다양한 동남아시아 국가에서 판매가 가능합니다. 싱가포르, 인도네시아, 말레이시아, 중국, 홍콩에서 운영 중입니다.

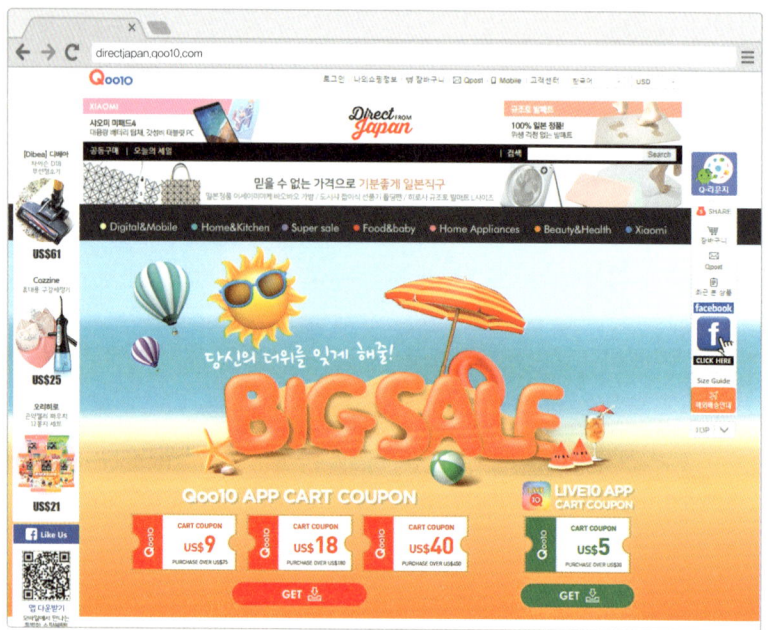

큐텐은 한국에서 운영하는 마켓이기 때문에, 한국 오픈마켓을 운영 중이라면 시스템에 적응하기 쉽고 상대적으로 편리합니다. 하지만 한국 마켓의 특성을 닮은 만큼 사진의 퀄리티가 굉장히 중요하고 상세페이지도 상세하고 감각적으로 꾸며야 합니다. 그리고 광고가 절대적인 마켓이기 때문에 매달 고정 광고비가 발생됩니다. 또 한국처럼 담당 MD가 존재하고 그들과의 관계가 중요합니다.

판매에 대한 것만 보면 큐텐에서 가장 비중 있는 국가는 싱가포르입니다. 싱가포르 내에서 큐텐은 아마존이 부럽지 않을 정도로 인기가 많습니다.

싱가포르 온라인 마켓에서 구매하는 인구의 비중을 보면 10대~20대 여성이 주를 이루고 있습니다. 그렇기 때문에 이들을 겨냥한 아이템이 있고, 싱가폴을 생각한다면 라자다보단 큐텐이 훨씬 좋은 선택이 될 수 있습니다.

해외 구매대행(국내 판매)

어떻게 보면 해외 구매대행은 글로벌셀러의 시초라고 할 수 있을 정도로 오래 전부터 진행되어 온 방식입니다. 해외 직구만 할 수 있다면 누구나 시작 가능하고, 사업자 없이도 시작할 수 있습니다.

가장 기본적인 틀은 네이버 스마트스토어(구 스토어팜)에 판매자 계정으로 가입하여 스토어를 개설합니다. 해외 오픈마켓에서 아이템에 대한 정보를 가져와서 스마트스토어에 등록 후 판매를 시작하고, 주문이 들어 오면 해외 온라인 마켓에서 구매 후 배송 대행사(배대지)를 이용하여 고객 앞까지 다이렉트로 발송하면 됩니다.

사업자도 네이버에서 제시한 기준을 넘지 않으면 등록하지 않아도 되고, 사입도 필요에 의해서만 해도 되므로 신용카드 한 장으로도 충분히 시작 가능합니다.

하지만 매출이 꾸준하게 올라간다면 정산 때문에 힘들어지는 부분도 발생합니다. 예를 들어, 3월 1일에 주문이 들어와 아마존에서 신용카드로 주문했을 경우 국내에 제품이 들어와 고객 수령 후 구매확정 및 결재 대금 정산까지 한 달 이상 걸리게 되는데, 신용카드 대금은 4월 10일쯤 나오게 되고, 대금 정산은 그 이후에 진행됩니다.

좀 더 디테일하게 설명하면 3월 매출이 천만원이면, 4월에 카드사에 천만원을 상환해야 하는데, 3월 매출에 대한 정산이 4월 이후 정산되기 때문에 이미 현찰을 천만원 이상 보유하고 있어야 카드대금을 상환할 수 있습니다.

이후 매출이 더 발생하여 4월 매출이 2천만원이라면, 3월 매출 대금 천만원이 입금되겠지만, 5월에 2천만원을 상환해야 하기 때문에 다시 천만원이 비게 됩니다. 매출이 발생할수록 현찰을 외부에서 가져오지 않는 이상 언젠가는 장사가 잘되지만 그만두게 되는 경우도 생깁니다.

그리고 신용카드 한도가 본인의 최대 매출이라 생각해도 무방합니다. 주문이 아무리 들어와도 신용카드 한도가 작으면 결제가 불가능합니다. 그동안 정산받은 금액으로 부분 상환을 하면서 막는 방법도 있지만, 이 방법도 언젠가는 한계가 옵니다.

그 전에 신용카드를 각 회사별로 보유하고 카드 한도를 계속 신경쓰면서 한도 상향에 집중해야 합니다.

이외에도 많은 해외 오픈마켓이 존재합니다. 일단 메이저 마켓에서 원하는 매출을 내보고 다음 마켓으로 진출하는 것이 좋습니다. 첫 선택은 신중해야 하며, 무작정 시장성만 보고 도전하기에는 시간과 노력이 무의미해질 수 있습니다.

많은 정보들이 좋다는 이야기만 하지 단점에 대해서는 알려주지 않기 때문에 위 내용을 참고하여 선택했으면 합니다. 그 대신 정책이나 환경은 계속 바뀌기 때문에 꼭 해당 마켓에 직접 확인해 보는 것이 현명합니다.

영어는 못해도 된다

글로벌셀러를 시작하기 전 가장 걱정되는 부분은 바로 영어에 대한 두려움일 것입니다. 영어를 잘하는 것은 분명히 큰 도움이 됩니다. 특히 미주 지역이나 영어를 쓰는 나라라면 필수입니다.

상세페이지도 영문으로 구성해야 하고, CS까지 해야 하기 때문에 본인의 의사를 정확하게 표현하고 대화할 수 있다면 정말 도움이 됩니다. 하지만 생각보다 힘든 것이 사실입니다.

그 중 대표적인 마켓은 아마존, 이베이입니다. 번역기로 영문을 번역해도 어느 정도는 의사를 전달할 수 있지만, 깊은 내용을 전달하기에는 무리가 있습니다. 하지만 라자다나 큐텐, 쇼피 등 동남아시아 마켓은 영어를 너무 잘해도 문제가 됩니다.

필자는 영어를 그다지 잘하지 못합니다. 번역기 없이는 간단한 단어의 철자도 알지 못합니다. 그래도 라자다에 아이템을 판매하기 위해 상세페이지를 작성해야 했습니다. 상세페이지 문구를 한글로 작성해서 번역기에 돌려 평소에 알고 지내던 미국 친구(한국말이 유창한 미국인)에게 검수를 요청했습니다.

이후 돌아온 문장은 번역기로 돌린 것과는 차이가 많이 났습니다. 미국 친구는 보내준 문장을 보며 한참을 웃었다고 합니다. 쓰지 않는 단어에, 어법도 안 맞고, 문장 자체도 무엇을 말하고 있는지 유추해야 겨우 이해가 될 정도라고 했습니다. 그래서 미국 친구는 친절하게 문장 전체를 다시 수정해서 보내줬고, 그것을 가지고 다시 한 번 말레이시아 현지 친구에게 보내서 이해가 되는지 확인을 요청했습니다.

말레이시아 친구에게 돌아온 답변은 이해하기 어렵다는 것이었습니다. 그래서 검수 전 번역기에 돌린 내용을 보여주었더니 어느 정도 이해가 가능하다고 했습니다. 다시 정말 쉬운 단어들로 구성된 상세페이지 문구를 보여줬고, 그것은 이해하기 쉽다고 했습니다.

여기서 많은 생각이 들었습니다. 분명 영어가 전세계적으로 사용되고 있지만 모든 사람이 영어를 유창하게 하지 않습니다. 동남아에도 영어를 제대로 구사하는 사람이 존재하지만 그렇지 않은 사람도 많다는 것입니다.

어떻게 보면 정말 누구나 아는 뻔한 내용입니다. 하지만 결정적인 매출로 생각해보면, 영어를 잘 모르는 사람에게도 판매해야 더 많은 매출을 낼 수 있다는 결론이 나옵니다.

영어를 어려워하는 사람들을 위해 영문 상세페이지에서 조금 더 쉬운 단어를 사용하면 됩니다. 유치원생이나 초등학생에게 영어로 이 아이템을 설명한다는 생각을 가지면 더 많은 매출을 올릴 수 있습니다.

몇몇 국가를 제외한 나라에서는 영어가 모국어가 아닌 공용어의 하나로 사용하고 있지만, 영어를 사용할 수 있는 인구보다 못하는 인구가 훨씬 많습니다.

어차피 살 사람들은 살 것이고, 영어를 잘 아는 사람도 마음에 들면 구매를 할 것입니다. 하지만 쉬운 단어로 영어를 잘 모르는 사람을 겨냥하면 전체 구매율을 올릴 수 있습니다.

국가별로 모국어가 다르고, 한 국가에서 다양한 언어를 쓰는 나라도 많기 때문에 어쩔 수 없이 영어를 쓰는 것일 뿐 모든 구매자가 영어를 쓰는 것이 아닙니다.

모든 언어로 상세페이지를 만들 수 없기 때문에 영어를 쓰는 것뿐입니다. 여행을 가서 현지 언어가 안 되면 영어로 말하는 것과 같은 내용입니다. 그때 영어를 써도 현지 사람들이 영어를 잘 못하면 아무리 유창하게 이야기해도 그들은 이해하지 못합니다.

그럴 때 정말 쉬운 단어로만 대화가 됩니다. 온라인 마켓도 비슷합니다. 우리는 해외 판매자이고, 그들의 시선에 맞춰야 합니다.

아무리 영어를 잘해도 판매하려는 나라의 인구와 언어를 확인하여 어떤 방법으로 영어를 써야 하는지 꼭 알고 시작해야 합니다.

오프라인 시장과 글로벌셀러, 그리고 소문난 맛집

온라인 마켓에서 판매를 하기 때문에 다른 판매자의 제품이나 사진, 키워드, 상세페이지를 벤치마킹하는 노력을 합니다. 잘 파는 사람들은 다 이유가 있기 때문에 정말 중요합니다. 하지만 필자는 반대로 오프라인에서 보고 배우는 것이 많습니다. 장사가 잘되는 매장을 가면 그 이유를 고민하고 찾아봅니다.

필자는 초등학교 때부터 요식업에 관심이 많았습니다. 대학도 호텔조리학과를 전공했습니다. 내 이름으로 된 식당을 차리는 것이 꿈이었습니다. 식당을 차리기 위해 필요한 것은 전부 배워보고 싶은 마음이 있었습니다. 제대로 창업 실무를 배우기 위해 창업컨설팅 회사에 입사했습니다.

창업 컨설턴트로 일을 하면서 정말 많은 분들과 만나게 되었습니다. 주 고객층은 말 그대로 창업을 원하는 분들이었습니다.

대부분 정년퇴직을 한 분, 새로운 사업을 위해 도전하는 분, 여러 가지 경우가 있지만 대부분 투자가 아닌 당장 먹고 살기 위한 생존형 창업이었습니다.

그분들과 미팅할 때 어떤 창업을 하고 싶은지 물으면 대부분 프랜차이즈를 원했습니다. 정말 많은 창업 아이템이 있는데 왜 굳이 프랜차이즈 요식업을 하고 싶은지에 대해 다시 질문합니다.

그러면 대부분 평생을 직장에 다녔고, 배운 것이 없어서 할 수 있는 것이 프랜차이즈밖에 없다고 합니다. 쉽게 시작할 수 있지 않느냐, 별다른 기술이 없어도 가능하지 않은가, 내가 장사꾼이 아니어도 어차피 본사에서 지원해주고 마케팅 해주니 신경 쓰지 않아도 되고 좋을 것 같다고 이야기합니다.

물론 돈만 있다면 프랜차이즈가 아무런 기술 없이도 쉽게 창업 가능하고, 여유만 있다면 매장을 직접 관리하지 않고 오토로 운영 가능합니다. 잘되는 집은 정말 잘되는 것도 사실입니다.

과연 내가 운영하는 매장도 잘될 것인가? 이것이 문제입니다.

우리가 하는 사업, 장사는 누구나 다 알고 있습니다. 정말 획기적인 무언가가 있지 않다면 이미 누군가 하고 있습니다. 그 안에서 살아남는 것은 정말 힘들다는 뜻입니다. 똑같은 프랜차이즈 매장을 운영하고, 다른 사람과 동종 사업을 하고, 정말 열심히 하는 것 같은데 누구는 벌고 누구는 1년도 못 버티고 대출만 남고 폐업합니다.

이것은 오프라인에만 적용되는 것이 아니라 온라인 마켓도 똑같습니다. 내가 판매하는 브랜드 제품은 누구나 팔고 있으며, 처음 판매하는 제품이라도 잘 팔리기 시작하면 하루도 안 지나서 우후죽순처럼 나와 똑같은 제품을 파는 셀러가 늘어납니다. 결국 온라인이나 오프라인이나 별반 다를 것이 없습니다.

하지만 그 와중에 장사가 잘되는 맛집은 주변 경쟁 상대가 아무리 많아도 줄을 서서 기다립니다. 장사가 잘되는 셀러는 바로 옆에 수십 명의 셀러들을 상대로 압도적인 판매량을 보여줍니다. 이들의 공통점은 다른 경쟁 업체와 달리 자신만의 경쟁력이 있다는 것입니다.

그것은 온라인이나 오프라인을 떠난 문제입니다. 맛이 특별하거나, 오랜 세월 자신만의 노하우를 쌓아왔거나, 마케팅을 정말 효율적으로 운영했거나, 무엇인가 다른 사람과 비교되는 부분이 있습니다. 이는 곧 차별성이라고 이야기합니다.

여러분이 온라인 마켓에서 판매하고 있는 아이템은 경쟁 상대와 비교했을 때 차별성이 있나요? 다시 반문할 수 있습니다. 차별할 것이 없어요. 어차피 아이템 자체가 똑같은데 어떻게 차별을 둬야 하나요?

흔한 동네 중국집 자장면을 예로 들어 보겠습니다. 한 동네만 해도 수없이 많은 중국집이 경쟁을 하고 있습니다. 우리나라 전체로 따지면 정말 많은 업체가 똑같은 메뉴로 경쟁을 하고 있습니다.

자장면은 어차피 다 똑같은 자장면입니다. 자장면의 맛에 가장 중요한 비중을 차지하는 것이 춘장인데, 이 춘장은 소문난 중국집이나 고급 중식 레스토랑이나 우리집 앞 중국집이나 국내 중국집 90% 이상 동일한 회사의 춘장을 씁니다.

소문난 중국집에 가서 자장면을 먹으면 똑같은 자장면이 왜 이렇게 맛있는지 사람들이 줄을 서서 먹습니다. 하시만 다른 중국집에서는 도대체 이걸 먹으라고 준 건지 모를 정도로 맛이 없는 자장면이 나오고, 사람들은 다시는 찾지 않습니다.

차이점이 무엇일까요? 춘장은 똑같으니까 그 외 재료를 더 좋은 것을 쓸까요? 재료만 좋으면 누구나 맛집이 될 수 있을까요? 절대 아닙니다.

아이템이 없다, 경쟁력이 없다, 가격이 너무 비싸다, 상세페이지가 너무 부실하다, 키워드가 안 좋다 등 핑계 대기 바쁩니다. 실제로 이 모든 것을 만족하는 아이템을 소싱해서 판매하면 잘나가는 셀러가 될 수 있을까요? 그 좋은 아이템을 제조사나 유통사에서 나에게만 줄까요? 내가 소싱할 수 있는 아이템은 누구나 소싱할 수 있습니다.

기회가 왔을 때 준비되어 있는 사람이 되어야 합니다. 본인이 그걸 팔 수 있는 사람인지가 제일 중요합니다. 나아가 남들보다 얼마나 더 질 팔 수 있는지, 어떻게 하면 앞서 나갈 수 있는지 계속 고민해야 합니다. 시도하고 실패하고 다시 도전해서 나만의 노하우가 나와야 나와 같은 아이템을 팔고 있는 셀러, 나와 같은 마켓에서 판매하는 셀러보다 앞서 나가 성공할 수 있습니다.

생활의 달인이라는 프로그램을 보면 알 수 있습니다. 그 프로에 나오는 음식점들에 막상 가서 먹어보면 생각보다 맛있지 않은 경우도 있습니다. 개인이 느끼는 맛은 주관적이기 때문입니다.

하지만 그 프로에 나온 음식점에는 사람들이 줄을 서기 시작합니다. 나오는 음식이 특별할 것 없는, 평범하게 먹을 수 있는 자장면, 빵, 국밥, 만두, 김밥, 떡볶이 등 흔한 음식들입니다. 티비에서 맛이 느껴지나요? 그렇지 않습니다. 그런데도 사람들은 그 집에 가서 먹어보려고 많은 시간을 투자해 방문합니다.

사람들은 방송을 보는 어느 시점에 달인의 음식을 먹고 싶다고 느낄까요? 굳이 멀리 이동해서 긴 시간을 기다리며 먹고 싶다고 어떻게 느낄까요? 불과 몇 분 전만 해도 이 식당이 있는 줄도 몰랐는데 말입니다.

달인이 음식 하나를 만들어 내기 위해 많은 노력을 하는 것을 방송을 통해 보게 됩니다. 그 맛을 지켜 내기 위해 얼마나 고생하는지도 알 수 있습니다.

예를 들어, 일반 멸치국수집은 육수를 만드는 데 멸치와 남들이 넣는 것 다 넣고 평범하게 장사하는데, 달인은 멸치 육수 하나 만드는 데 며칠 동안 특별한 정성으로 작업합니다. 이 노력은 한두 해 시간의 문제가 아닌, 본인의 자존심이라고 생각합니다.

막상 일반인이 먹어보면 똑같은 멸치 육수입니다. 솔직히 맛도 전문적인 훈련을 받은 사람이나 구별하지, 일반인이 구별할 정도는 아닙니다.

그래도 우리는 달인이 이 하나의 음식을 만들기 위해 정말 열심히 하는구나, 양심적으로 장사하는 것을 내 눈으로 보고 마음으로 느낍니다. 어차피 근처에서도 충분히 싸게 먹을 수 있는데 굳이 그 집까지 찾아갑니다.

똑같은 음식이라도 그만한 가치가 있다고 생각하기 때문입니다. 그리고 그 사람이 만드는 음식이기 때문에 더욱 가치가 높아집니다. 여기서 가장 중요한 핵심은 바로 '사람'이라는 것입니다.

온라인에서 판매하는 아이템도 똑같습니다. 정말 획기적인 아이템을 파나요? 그 아이템이 너무 괜찮아서 많이 팔릴 것 같은데, 그저 내 눈에만 좋아 보이는 것은 아닐까요?

다른 셀러와 똑같이 화장품, 가전제품, 의류 등 큰 틀에서 보면 특색 있는 아이템을 파는 것이 아닙니다. 그렇기 때문에 경쟁력이 없다고 생각하는 아이템은 없습니다.

하지만 똑같은 아이템을 판매해도 판매자는 다릅니다. 이것은 돈을 주고 살 수 없으며, 다른 사람보다 더 나은 셀러가 되기 위한 가장 중요한 무기입니다.

여러분은 각자의 개성이 있으며, 자신만의 장점과 강점이 있습니다. 그것을 명확하게 인지하고 본인의 마켓에 녹여내야 합니다.

같은 제품을 팔지만, 비슷한 제품을 팔지만, 조금 비싸게 팔지만, 나는 생활의 달인이라는 생각으로 이 제품을 판매하기 위해 나만의 방식으로 다른 사람과 차별화를 이루도록 지속적으로 노력해야 합니다.

아이템을 소싱하고 업체에서 주는 정보 대로 판매하는 것은 좋지 않습니다. 업체에서 올려 놓은 대로 복사해서 판매하는 것도 좋지 않습니다. 똑같은 사진, 순서만 다른 키워드로 이루어진 상품명이 될 뿐입니다. 똑같은 상세페이지를 사용하더라도 파는 사람이 다르기 때문에 충분히 나만의 개성으로 새롭게 바꿀 수 있습니다.

가격도 무조건 싸다고 판매되는 것은 아닙니다. 예를 들어, 올리브영 매장을 보면 정말 많은 사람들이 화장품을 구매합니다. 올리브영에서 파는 똑같은 화장품을 인터넷으로 사면 더 저렴합니다. 그런데 왜 조금 더 비싼 올리브영에 굳이 찾아가서 물품을 구매할까요?

인터넷 강국이고 온라인 구매가 일상화되어 있는 한국에서, 마음만 먹으면 온라인 구매가 가능한데 왜 더 비싼 돈을 주고 오프라인 매장에서 똑같은 제품을 구매할까요?

사람들은 무조건 싸다고 구매하지 않습니다. 소비 심리학적으로도 물품을 구매할 때 사람이 가장 중요하게 여기는 것은 가성비도 아니며 제품의 만족도도 아니었습니다. 이것은 아주 기본적으로 당연히 만족되어야 하며, 마지막에 돈을 지불하게 만드는 것은 바로 '감정'입니다.

'사고 싶다'는 감정이 들지 않으면 아무도 사지 않습니다. 아무리 비싸도 이 제품이 그만한 가치가 있다고 생각하면 사람은 흔쾌히 만족하며 구매합니다.

올리브영은 주 고객층인 20대~30대 젊은 여성의 마음 사로잡기 위해 노력합니다. 특정 아이템의 성분과 효과를 광고하지 않습니다. 매장을 찾은 손님들이 편하게 둘러볼 수 있도록 디스플레이를 효율적으로 하고, 눈이 피로하지 않게 조명을 조절하며, 편하게 테스트할 수 있는 분위기를 만들어 줍니다. 또한 도움이 필요하면 어디서든 직원을 찾을 수 있습니다.

오로지 사람의 마음을 얻기 위한 행동입니다. 아이템이 아무리 좋고 저렴하더라도, 매장이 지저분하고 직원이 불친절하면 구매는 이루어지지 않습니다. 기분이 좋지 않으니까 사고 싶다는 감정이 생기지 않습니다. 그렇기 때문에 조금 더 돈을 주더라도 마음 편히 쇼핑할 수 있는 곳을 찾습니다.

아이템으로 매출을 일으키는 것은, 그 아이템의 인기가 줄어드는 순간 끝납니다. 하지만 소비자의 감정을 충족시켜 판매하는 것은 장기적인 매출로 이어집니다.

상세페이지를 예로 들면, 필자는 상세페이지에서 아이템에 대한 홍보를 하지 않습니다. 오로지 제 자신을 팝니다.

필자가 어떤 셀러인지, 어떤 생각을 가지고 판매를 하고 있는지, 판매하는 아이템을 얼마나 잘 아는지, 애착이 있는지, 다른 셀러에게서 얻을 수 없는 아이템에 대한 정보까지 제공합니다.

아이템이 좋은 것은 당연한 것이고, 판매자 자신을 보여주면서 안심하고 구매할 수 있게 정보를 제공합니다. 말 한마디도 소비자를 위해 이야기합니다.

이는 신뢰로 이어집니다. 잘 모르는 다른 사람보다는, 조금 더 돈을 주더라도 믿을 수 있는 셀러에게 마음의 안정을 얻기 원하며, 좀 더 나은 감정적인 서비스를 받기 원합니다.

신기하게도 셀러를 시작하는 순간 불과 몇 분 전만해도 그저 한 명의 소비자였는데, 뼛속까지 셀러가 되어 소비자의 마음은 잊게 됩니다. 우리는 셀러가 되었다고 소비자에게 이 아이템 좋다고 홍보하고 있습니다.

달라져야 합니다. 같은 제품을 좀 더 비싸게 팔더라도 내가 팔기 때문에 더 가치가 있고 다르다는 것을 보여 주어야 합니다. 메인 사진, 상품명, 상세페이지, 나아가 CS까지 나만의 방식, 주관, 개성을 추가해야 합니다. 그 안에서는 아이템이 주가 되는 것이 아닌 소비자의 마음을 얻는 것에 초점이 맞춰져야 합니다.

이렇게 계속 시간이 흐르다 보면 자신만의 노하우가 생깁니다. 이 노하우는 누가 알려줘도 남들이 원해도 따라할 수 없습니다. 자신만의 방식을 만들고, 효율성을 찾고, 그 틀 안에서 점점 발전시켜 나아가는 것이 나를 위한 길입니다.

이렇게 책을 읽고 다른 사람의 강의를 듣는 것도 그들의 노하우를 단기간에 습득하기 위함이지, 그것을 그대로 따라하게 되면 그저 아류로 남게 됩니다. 이것들을 기반으로 하여 기초를 튼튼히 하고, 나만의 방식으로 바꿔 그들보다 더 나은 사람이 되어야 합니다.

내 자신을 발전시키는 것은 다른 데 있지 않습니다. 집 앞에, TV 안에, 모니터 안에, 친구, 가족, 동료 누구 어디에서나 배울 점이 있습니다. 그 사소한 것들, 그냥 스쳐 지나가는 많은 것들 안에서 본인이 남들보다 더 나은 길로 가는 계기를 분명 찾을 수 있습니다.

기초보다 더 나은 테크닉은 없습니다. 소비자의 마음을 얻는 것도 사람의 기본적인 마음에서 비롯됩니다. 셀러가 되기 전 소비자의 마음으로 돌아가 다시 한 번 생각하는 계기가 되었으면 좋겠습니다.

대량 등록은
독이 든 성배다

필자가 블로그와 카페를 운영하고, 강의도 하면서 제일 많이 받는 질문은 바로 대량 등록에 관한 것입니다. 대량 등록은 참 매력적인 시스템입니다.

글로벌셀러를 시작하면서 대량 등록이란 것은 획기적이라고 생각했습니다. 개인이 셀러를 하면서 발생되는 많은 비효율적인 작업이 효율적으로 바뀔 수 있습니다. 그러나 마냥 좋지만은 않습니다.

어느 회사에서 해외 특정 오픈마켓의 글로벌셀러 강좌를 오픈합니다. 해당 오픈마켓에서 글로벌셀러의 기초 이론과 대량 등록 프로그램을 이용해 상품을 수집하고, 본인의 마켓에 리스팅을 하는 수업입니다.

기초 이론과 함께, 초기에 하기 힘든 수익을 프로그램으로 만들어 준다니 좋은 수업인 듯합니다. 강의료가 비싸더라도 수강해야 할 것 같습니다. 마다할 이유가 없지 않나요? 또, 글로벌셀러가 무자본이 아님을 알려주고 있습니다.

몇몇 회사에서 대량 등록 프로그램을 상용 서비스하고 있습니다. 필자도 한때 대량 등록 프로그램을 개발하기 위해 다양한 곳의 프로그램을 접해봤고 느껴봤습니다.

현재 프로그램을 이용해서 해외 오픈마켓에 판매 가능한 곳은 극히 일부입니다. 가장 큰 이유는 API 때문입니다.

이런 이유로 프로그램을 이용하여 대량 등록 가능한 해외 오픈마켓은 극히 제한적입니다. 그리고 해당 국가 배송 여부, 배송 기간 등으로 인해 소싱처 역시 제한적일 수밖에 없습니다. 비록 제한적인 해외 오픈마켓, 소싱처라도 프로그램을 이용하여 수익은 낼 수 있습니다. 이렇게 하는 셀러가 많지 않다면 그렇겠지만, 실제로 이런 셀러가 많습니다.

여기서 필자가 말하는 수익은 용돈 벌이 정도를 말하는 것이 아닙니다. 당연한 것 아닐까요? 대량 등록 프로그램을 이용한다는 것은 최소한 나의 기대치에는 근접할 것이라는 기대감으로 이용하기 때문에 비싼 서버 세팅비, 월 사용료를 지불하는 것입니다. 더욱이 글로벌셀러를 전업으로 시작한다면 기대치는 더욱 높을 것입니다.

프로그램 업체는 이용자가 많아야 매월 관리비 등을 통해 수익을 얻는 구조이기 때문에, 홍보를 통해 이용자를 모집합니다. 시간이 갈수록 프로그램 사용자는 늘어나게 되고 경쟁은 심화됩니다. 그러나 업체는 이용자 간의 치열한 경쟁에 대한 배려는 없습니다.

필자는 글로벌셀러에 관한 강의 중 프로그램에 대한 내용이 있으면, 그 강의 주체는 프로그램 업체라고 생각합니다. 결국 강의가 끝난 뒤 셀러는 프로그램만 사용할 것이 자명합니다.

업체에서는 이러한 과정을 통해 매월 적지 않은 인원을 모집하여 교육을 통해, 그리고 프로그램 세팅비와 월 사용료를 통해 수익을 남깁니다.

문제는 몇 달만 지나도 프로그램을 이용한 경쟁자들이 넘쳐납니다. 서로 마진 싸움에 혈안이 되어 있습니다. 그렇게라도 해야만 업체에서는 수익을 거둘 수 있기 때문입니다.

이런 상황에서도 업체는 꾸준히 강의를 모집하여, 프로그램 사용자를 지속적으로 늘려 나갑니다. 배려 따위는 없습니다. 조금만 생각해도 당연히 알 수 있음에도 프로그램에 대한 기대를 가지고 있기 때문에 막상 그러한 상황이 닥치기 전까지는 예상하지 않습니다.

그렇다고 그 업체를 탓할 수 없습니다. 왜냐하면 교육 등을 통해 이익을 남기고, 프로그램을 통해 초기 서버 세팅비, 매월 사용료로 이익을 남겨야 유지되는 영리를 목적으로 한 회사이기 때문입니다. 여러분을 위한 자선단체가 아닙니다.

어떠한 포장을 하더라도 영리를 목적으로 한 회사입니다. 사용자가 중간에 사용하지 않더라도 업체에서는 손해보지 않습니다. 누군가가 이 비용을 지불해서 쓰다가 포기하면, 다른 누군가로부터 서버 세팅비를 받고 대체하면 그만입니다.

기존 셀러나 초보 셀러나 서로 마진을 두고 경쟁합니다. 이런 가운데 웃는 사람은 업체와 배송 업체, 해당 오픈마켓입니다. 조금만 생각해보면 경쟁하는 사람이 많을수록 당연한 사실입니다.

각종 국내 오픈마켓에서 해외 구매대행 사업자들이 프로그램을 사용해 상품을 많이 판매 중입니다. 그나마 프로그램을 사용해서 판매하기에는 해외 오픈마켓에 비해 소싱할 곳이 많습니다.

역시 기존의 많은 프로그램 사용자들 간에 경쟁이 심합니다. 신규 셀러는 마진 경쟁을 하고 싶어도 배송 업체에서의 실적이 없기 때문에 기존의 셀러보다 높은 배송비가 책정되어 시작부터 경쟁에 뒤처져 버립니다.

나만의 소싱처를 찾기 힘들뿐더러 찾아서 프로그램으로 수집해도 얼마 지나지 않아 다른 셀러들이 따라 붙는 것이 현실입니다. 또한 내가 찾은 해외 소싱처에서 결제하고 배송 대행지까지 배송되는 지도 확인해야 합니다. 해외의 경우 배송 대행지로 배송을 하지 않는 경우가 많습니다. 이런 경우 결제 후 얼마 지나지 않아 취소가 됩니다.

신규 셀러는 내가 찾은 소싱처가 결제가 되는지도 모른 채, 프로그램을 이용하여 상품을 리스팅합니다. 결제가 되지 않는다면 해당 주문은 취소 처리해야 합니다. 해외/국내 오픈마켓에서는 취소율이 높아질수록 셀러에게 패널티를 줍니다. 이런 패널티들이 쌓여 셀러 계정이 닫힐 수도 있습니다.

결국 프로그램을 이용한 글로벌셀러는 서로 간 치열한 경쟁이 불가피합니다. 배송비와 각종 정보 등 신규 셀러는 이러한 경쟁에서 뒤처질 수밖에 없습니다.

가장 큰 문제점은, 프로그램을 사용한 셀러는 아이템을 보는 눈이 좋아질 리 없으며, 수동으로 상품을 리스팅하기 굉장히 힘듭니다. 이제 막 글로벌셀러를 시작하는 사람은 프로그램 사용을 포기한 뒤에는 셀러로서 할 줄 아는 것이 없다고 해도 과언이 아닙니다.

이때부터 열심히 노력해서 직접 아이템을 찾아 제대로 상품을 등록하고 싶어도 할 수 없을 것입니다. 이미 프로그램의 노예로 살았기 때문에 너무 쉬운 방법을 알아버렸습니다.

프로그램 업체에서는 항상 본인만의 상품을 찾아야 한다고 합니다. 말도 안 되는 소리라고 생각합니다. 내가 민든 상품이 아닌데, 어떻게 남의 상품이 나만의 상품이 될 수 있나요? 내가 상품을 소싱해서 리스팅한 상품이 잘 팔리면 얼마 지나지 않아 다른 셀러가 낮춘 금액으로 판매하기 시작하거나, 사입하려고 합니다.

사입 간에도 돈 많이 가진 자가 이깁니다. 프로그램 업체가 이런 말도 안 되는 소리를 하는 이유 중에 하나는 본인들도 머지않아 프로그램을 이용한 셀러늘 간에 경쟁이 치열해질 것을 알기 때문에 꺼내는 말일지도 모릅니다.

차라리 프로그램을 사용하는 셀러의 월 사용료를 할인해 주는 것이 오히려 인간적으로 보입니다. 글로벌셀러의 사업을 레드오션으로 만든 장본인임에도 이렇게 이야기하는 것이 참 아이러니합니다.

많은 업체에서 대량 등록 프로그램의 장점만 서술하고, 그들이 가지고 있는 전산상의 문제점과 대량 등록이라는 시스템 자체의 문제점에 대해서는 알려주지 않습니다. 그들도 회사이고 수익을 내야 하는 입장이기 때문입니다.

하지만 금전적인 여유가 있어서 이 일을 하는 것이 아닙니다. 대부분 생계형 창업이기 때문에 초기 수백의 세팅비와 매달 나가는 유지관리 비용까지 감안한다면 과연 투자할 만한 가치가 있는지 정확히 확인해야 합니다.

먼저 생각해야 할 부분은, 내가 투자한 비용 대비 얼마나 업무적인 효율을 낼 수 있는지입니다. 장기적으로 투자할만한 가치가 있는지, 매달 들어가는 관리비 빼고 얼마나 순수익을 낼 수 있는지 생각해야 합니다.

처음으로 고려할 것은 순수익입니다. 대량 등록 프로그램을 서비스하는 회사는 여러 곳이 있지만, 그 비용은 전부 다릅니다. 처음 계정을 세팅하는 비용만 몇 백만원을 받는 곳도 있습니다. 기본적으로 매달 만원 단위에서 십만원 단위의 이용료가 발생되며, 몇 개를 등록하느냐에 따라 달라집니다.

어느 정도 효과를 보기 위해서는 정말 많은 양의 아이템이 등록되어야 하기 때문에 보통 수십 만원의 이용료가 발생됩니다.

이 정도는 사업을 하는 데 투자해도 괜찮다고 생각할 수 있습니다. 그렇게 대량 등록 프로그램을 통해 꽤 많은 수익을 내는 사람들도 분명 존재합니다. 하지만 내가 그 주인공이 아니면 의미가 없습니다.

필자는 대량 등록 프로그램의 효용성을 알고 싶어서 정말 많은 분들을 찾아다녔습니다. 그들은 프로그램을 사용하면 얼마나 남는지 답을 잘 안 해줍니다. 자존심이 걸린 문제이니 당연한 것이라고 생각합니다. 아마 한 달에 만원만 벌어도 몇 백만원은 남는다고 이야기할 것입니다.

정말 솔직한 이야기를 듣기 위해 프로그램을 사용하는 분들과 술자리도 많이 가졌습니다. 처음에는 다들 모여 조용히 분위기를 살핍니다. 본인의 상황이 그리 좋은 편은 아니기 때문에 이야기하기 꺼려지지만, 다른 사람은 어떻게 하는지 이야기를 듣고 싶어집니다.

어느 정도 술이 늘어가면 다들 속에 있는 이야기를 합니다. 아직도 기억나는 어떤 분은 한 달 동안 프로그램만 써서 열심히 팔았는데 4만원이 남았다고 울면서 이야기했습니다. 몇 개 못 팔았으니 4만원 남았겠다고 생각할 수 있지만 순수익으로 따지면 이야기가 달라집니다.

프로그램을 중지하고 싶어도 세팅비가 아깝고, 본전 생각에 쉽게 그만두지 못하고 일합니다. 취미로 이 일을 하는 것이 아니고, 남을 위해 하는 것도 아닙니다. 본인의 안녕을 위해 하는 것인데, 순이익은 얼마 안 되는 것입니다.

왜 4만원이 남는지는 프로그램의 맹점을 보면 쉽게 답이 나옵니다. 첫 번째로 판매가 설정의 문제점입니다. 5만 개의 상품을 대량 등록하면, 상품 하나하나 가격을 설정할 수 있을까요? 일주일이 걸려도 불가능할 것입니다. 그래서 프로그램은 어느 정도 마진율을 설정해 놓고 자동으로 판매가가 책정되어 등록합니다.

그렇게 되면 잘 팔릴까요? 아이템마다 시장조사하여 가격을 확인하고, 본인이 인지하여 경쟁력있는 가격을 설정하는 것도 중요합니다. 그런데 이런 작업이 생략되어 5만 개의 상품은 말도 안 되는 가격에 올라가게 됩니다.

개발사에서는 그 중에 잘 팔리는 아이템을 확인해서 경쟁력있는 가격으로 직접 수정해야 한다고 합니다. 허울 좋은 소리입니다. 아이템이 다양하게 많이 팔릴 때 그것을 하나하나 수정하는 것도 엄청난 작업인데, 판매가 안 된다면 가격을 수정할 수 있는 기회도 없습니다.

애초에 판매가 될만한 가격일 때 개발사에서 권장하는 작업을 할 수 있습니다. 이렇게 되면 시장조사에 대한 경험도 부족해지고, 잘 팔리는 제품의 분석도 하기 힘들어집니다. 나중에 가격을 줄이기 위해 하나하나 관리하는 것도 일입니다.

사진과 상품명도 문제가 됩니다. 아마존에서 잘 팔리는 제품을 다른 마켓에 가서 검색해보면 정말 소름이 돋을 정도로 사진과 상품명이 똑같습니다. 모두 대량 등록 프로그램을 사용한 결과입니다. 다른 것은 판매가뿐입니다.

소비자들은 어떤 제품을 구매할까요? 어차피 사진이나 상품명이 똑같기 때문에 상세페이지는 신경 쓰지 않고, 리뷰가 제일 많은 상품이나 제일 저렴한 제품을 구매하러 갑니다. 그건 여러분도 마찬가지일 것입니다.

돈을 엄청 투자하여 올려 놓은 상품인데, 나보다 판매가가 더 저렴한 셀러나 이미 잘 팔고 있는 셀러에게 가서 구매하라고 이야기하고 있습니다. 남 좋은 일만 해주는 격입니다.

대부분의 대량 등록 프로그램이 아이템별로 개별 등록이 되는 것이 아니라, 카테고리를 설정해 통째로 복사해서 등록하는 형식을 취하고 있습니다. 카테고리가 수천 개가 되는 것이 아닙니다. 결국 내가 올리는 제품은 무조건 경쟁에 들어갈 수밖에 없습니다. 등록된 아이템은 전부 경쟁력이 없습니다. 아이템 문제가 아니라, 셀러가 이 아이템을 경쟁력있게 바꾸지 못하기 때문입니다.

'뭐 하나하나 수정하면 되는 거 아닌가?'라고 생각할 수 있지만, 수만 개 올라가 있는 것을 보면 심리적으로 숫자에 질려버리게 됩니다.

어떤 아이템을 수정해야 하는지, 어떻게 수정해야 하는지, 어차피 이렇게 수정해야 되는 거라면 차라리 처음부터 제대로 올리는게 나을거라고 생각될 것입니다.

만약 판매가 되어 주문이 들어와도 문제가 생깁니다. 아마존에서 다른 마켓으로 대량 등록을 했다고 가정해 보겠습니다. 주문이 들어오면 배송 처리를 하기 위해 어떤 제품이 판매되었는지 확인합니다. 아마 처음 보는 제품일 것입니다. 어찌 되었든 아마존으로 물품을 구매하러 갑니다.

이제부터 문제가 시작됩니다. 아마존에서의 물품 판매가가 걱정됩니다. 과연 마진이 남는 것인지 생각해 봅니다. 아마존 판매가는 정말 수시로 변경됩니다. 분명 마진을 잡고 올렸지만, 마진 이상 가격이 올라갔을 수도 있습니다. 이런 경우는 정말 흔하게 발생합니다. 아마존은 정말 가격이 실시간으로 변화할 때도 많습니다. 그럴 때 내가 올린 제품이 바로 판매될 확률이 얼마나 될까요?

손해가 날 수 있지만 감수하고 주문하는 방법이 있고, 판매가를 다시 계산하고 주문하는 방법이 있습니다. 전자나 후자나 프로그램을 이용하면서 있어서는 안 되는 상황입니다.

가격만이 문제가 아닙니다. 주문이 들어와서 아마존에 들어갔지만 주문 들어온 제품의 재고가 없다면 어떻게 될까요? 재고는 있지만 프라임 상품이 아니어서 배송이 많이 늦어지게 된다면 어떨까요? 프라임 상품이면서 재고도 있는데 주문 들어온 색상만 없다면?

원칙적으로라면 대량 등록으로 올린 제품을 프로그램이 최소 하루에 두 번 정도는 스스로 아마존에 들어가서 가격과 재고 옵션값 등을 확인하여 내가 판매하는 마켓의 정보를 바꿔주어야 합니다. 하지만 많은 회사들이 이 부분은 당연히 가능하다고 이야기하면서, 막상 사용해보면 되지 않는 경우가 많습니다.

필자의 수강생 중에는 라자다 대량 등록 프로그램을 쓰는 분들이 많습니다. 강의 중 수강생의 휴대전화로 알람이 울리면 주문이 들어왔다는 뜻입니다. 그런데 그 수강생은 미묘한 표정을 짓습니다. 주문이 들어오면 돈을 벌었다는 의미인데, 왜 안 좋은 표정일까요? 이렇게 주문이 들어와도 못 파는 경우가 대부분이라 썩 기분이 좋지 않다고 합니다. 그것이 프로그램을 이용하면서도 다시 강의를 듣는 이유이기도 합니다.

이렇게 되면 나중에는 정말 큰 일이 벌어집니다. '주문 취소율'이라고 들어봤나요? 모든 마켓에서 굉장히 중요하게 여기는 기준입니다. 주문이 들어 왔지만 여러 이유로 제품을 판매하지 못하면 기록에 남게 됩니다. 이는 셀러 등급에 큰 영향을 미치며 심각해질 경우 계정 정지 사유가 됩니다.

하나 팔면 얼마나 남을까요? 개발사, 마켓 수수료, 정산 시 수수료, 카드사 수수료, 배대지 이용료, 주소 국가에 세금까지 내고 남은 얼마 안 되는 소중한 수익을 한순간에 날리는 것입니다.

수동으로 올려도 이런 경우가 많은데, 대량으로 무분별하게 올라가면 나중에 다시 관리하는 것도 일입니다. 추후 아이템을 지우는 데도 엄청난 시간이 소요되며, 가격을 하나하나 수정하는 시간도 변경되는 특이점을 적용해야 하므로 사실상 불가능합니다.

대량 등록의 가장 큰 핵심은 다른 것이 아닙니다. 10개 올려서 1개도 팔지 못할 것인가, 아니면 5만 개 올려서 100개를 팔 것인가의 확률에 대한 강점을 가지고 이야기합니다.

그렇다고 5만 개를 올리면, 필자가 말한 팔지 못하는 확률도 비례하게 됩니다. 대량 등록을 하면서 감수해야 하는 리스크가 단순히 몇 퍼센트가 아니라, 판매 가능한 경우의 수와 판매하지 못하는 경우의 수와의 싸움입니다.

하다못해 판매 가능 확률이 정확히 반반이라도 웃긴 일입니다. 주문이 들어오면 당연히 소득을 내야 정상인데, 왜 확률 싸움을 하고 있을까요? 반대로 이용료는 고정 지출로 계속 나가고 소득을 내는 확률은 50%도 안됩니다.

많이 올려서 주문량이 많아지는 것이 중요한 것은 아닙니다. 못 팔게 되었다고 주문 취소 버튼 하나만 누르면 끝나는 문제가 아닙니다. 제품의 재고가 없다면 주문 취소 후 찾아 들어가 지워야 하고, 가격이 문제라면 다시 계산해서 수정해야 합니다.

몸이 편하고자, 이 세계를 잘 몰라서, 이렇게 하면 돈을 벌 수 있다고 이야기하니까 등의 여러 가지 이유로 대량 등록 프로그램을 이용합니다. 정말 잘 파는 셀러 중 대량 등록 프로그램을 쓰는 셀러가 있을까요? 수년 간 꾸준한 매출을 내는 셀러 중 대량 등록 프로그램을 쓰는 셀러가 과연 몇 명이나 될까요?

아이템 하나를 위해 사진을 다시 찍고, 더 많은 노출을 위해 상품명과 키워드를 새로 구성합니다. 상세페이지 기획, 디자인, 경쟁 상품, 판매하는 나라의 정서, 종교, 문화 등을 조사하고 시장 가격을 확인

하여 올려도 판매가 어떻게 될지 모르는데 대량으로 몇만 개 올린다고 장기적인 수입을 가져다 줄까요?

시작할 때에는 모든 것을 본인이 해내야 합니다. 그래야 기초가 탄탄해지고 수시로 변하는 트렌드와 마켓의 정책에 휘둘리지 않으며, 어떤 아이템을 소싱하더라도 팔 수 있는 자신감이 생깁니다. 나중에 잘 되어서 직원을 두고 회사를 운영할 때에도 회사의 대표가 모든 업무에 대해 제대로 알고 있지 않으면 절대로 회사는 제대로 돌아가지 않습니다.

대량 등록 프로그램은 회사가 너무 잘 되어 조금 더 편하게 소득을 내기 위한 수단으로 활용하는 것이 좋습니다. 어차피 사람을 한 명 더 뽑을 생각이었다면, 프로그램으로 대체하는 방법으로 사용해야 합니다.

대량 등록 프로그램이 마냥 나쁜 것만은 아닙니다. 이러한 프로그램은 부가적인 수입을 가져다 줄 수 있습니다. 그러나 신규 셀러라면 해당 오픈마켓에서 최소한 자기만의 셀링 방법 자체가 없기 때문에 위험하다는 이야기입니다. 그럼에도 불구하고 프로그램에 의존했는데 경쟁에서 지속적 우위로 판매가 계속 이루어진다면 행운입니다. 만약 그렇지 못하다면 셀러를 포기하는 수순으로 가게 됩니다. 프로그램을 이용하지 않으면 본인만의 셀링 방법 자체가 없으며, 쉽게 시작한 사람은 어려운 방법으로 다시 돌아갈 수 없습니다. 스스로가 직접 할 수 있는 것이 없기 때문입니다.

그래도 대량 등록 프로그램은 현재 득보다는 실이 더 많습니다. 이 프로그램만 있으면 누구나 쉽게 조금의 노력만 투자하면 매출을 낼 수 있다고 광고합니다. 반대로 생각하면 그렇게 좋은 것을 왜 혼자 하지 않을까요? 서비스를 하지 않으면 기대하는 만큼의 수익을 내기 어렵기 때문입니다.

내가 운영하는 회사의 운명이 프로그램 업체의 손에 달려 있습니다. 조금 과장하여 표현하는 부분이긴 하지만, 상품의 판매 여부와는 상관 없이 프로그램 회사가 망한다면 어떨까요? 내 회사의 운명이 다른 회사의 운명에 달려 있다는 것이 아이러니합니다.

그러면 다른 프로그램 회사로 옮기면 어떨까요? 옮길 때마다 세팅비 등의 다른 비용이 크게 발생하며, 시스템도 처음부터 다시 배워야 합니다. 이 업체도 망한다면 또 업체를 바꿔야 할까요?

서비스를 이용하고 대량 등록을 하는 사람이 많아질수록 소득을 나눠 먹는 시스템이기 때문에 나중에는 프로그램을 포기하고 처음으로 돌아올 수밖에 없습니다. 어차피 처음으로 돌아오는 것이라면 애초에 처음부터 제대로 기초를 잡고 시작했으면 좋겠습니다.

대량 등록 프로그램은 독이 든 성배입니다. 보기엔 아름다워 보일 수 있지만 내면에는 치명적인 부분이 있으니 확인하고 판단하여 결정하기 바랍니다.

이것은 사업이다

무엇을 팔고 싶은가

1 : 1 개인 강의를 하다 보면 다양한 지역과 건물을 다닙니다. 특히 신도림 테크노마트를 유난히 많이 갔습니다. 그곳을 둘러보면 소규모 점포가 수를 세기 힘들 정도로 많이 있습니다. 이동하면서 그런 매장을 쭉 둘러보는 것이 습관이 되었습니다. 특히 의류, 잡화 매장을 많이 돌아다녔습니다. 그렇게 매장을 돌아다니다 보니 문득 '저 매장은 무엇을 팔고 싶은 것인가?' 그런 생각이 들었습니다.

어떤 의류 매장은 많은 옷들이 걸려 있지만 무엇을 팔고 싶은 것인지 알 수가 없었습니다. 그저 걸려 있을 뿐이고, 손님이 직접 매장으로 들어와 걸려 있는 옷을 뒤적거리지 않으면 어떤 옷을 파는지 알 수 없습니다. 마네킹에 걸린 옷들도 형식상 걸려 있을 뿐 사고 싶은 마음이 들지 않았습니다.

액세서리 매장도 별반 차이가 없었습니다. 수많은 액세서리가 있지만 무엇을 팔고 싶은 것인지, '이중에 아무거나 얻어 걸리길 원하는 것인가'라는 생각이 듭니다. 많은 사람들이 매장 앞을 지나가면서 파는 물건을 그저 쓱 볼뿐, 눈길을 끌거나 걸음을 멈추게 하는 아이템들이 없었습니다.

네일샵도 꽤 많은데 다들 똑같은 시스템에 똑같은 가격, 똑같은 서비스로 고객을 유치하고 있었고, 오로지 기술자 실력에 따라 매장의 매출이 좌우되는 것 같았습니다.

앉아만 있어서는 본인의 장점을 표현하기 힘들 것입니다. 일어서서 호객을 하는 것은 아니라도 지나가는 손님에게 간단히 어필할 수 있는 무언가가 필요하지 않을까요? 오프라인 매장의 판매 방식과 온라인 매장의 판매 방식이 다르다는 편견을 가지고 있지만, 실제로 보면 별반 다를 것이 없습니다.

온라인이나 오프라인이나 많은 사람들이 스치며, 그 안에서 이목을 사로잡는 것에 걸음을 멈춥니다. 이후 매장을 둘러보거나 클릭하여 상세페이지를 보게 됩니다. 그 상황에서 구매 욕구를 자극시키는 무엇인가가 있어야 구매까지 이뤄지게 됩니다.

우리 매장은 이것이 주력 상품이라고, 이것이 신제품이라고, 우리는 서비스가 정말 좋다고, 정직하다고 알려야 합니다.

많은 소규모 매장이 아이템만 진열해두고 그저 손님이 들어오길 바랍니다. 손님의 발길을 무조건 멈추게 하는 요소가 전혀 없는데, 우리 매장에 손님이 없다고 이야기합니다.

온라인 마켓도 상황은 같습니다. 수백 개의 아이템을 올려 놓았고, 아이템도 너무 좋아 클릭만 하면 무조건 구매할 것인데 매출이 안 나온다고 이야기합니다.

모든 일에는 순서가 있고 과정이 있기 때문에 결과가 있습니다. 애초에 매장 전면에 눈길을 확 끌어당기는 것이 없는데, 어떻게 매장 안의 아이템을 보여줄 수 있을까요?

온라인 마켓도 같습니다. 검색이 어느 정도 상위 노출되어도 이목을 사로잡지 못하는데 어떻게 마우스 커서가 내 아이템 위로 올라올까요? 메인 사진과 상품명이 클릭을 유발시키는 요소가 없다면 어떻게 상세페이지를 보여줄 수 있을까요?

온라인 마켓에서는 '검색 → 리스트 확인 → 클릭 → 상세페이지 확인 → 구매'로 이루어지는 사이클이 존재합니다.

우리는 상세페이지에 정말 많은 투자를 합니다. 하지만 그 전 단계인 클릭이 이루어지지 않으면 절대 상세페이지를 보여줄 수 없습니다. 클릭을 유발시키려면 메인 사진과 상품명 키워드가 상세페이지를 보고 싶게 만들어져야 합니다.

클릭이 되려면 그 전에 검색에 잡혀야 되기 때문에 키워드 작업이 정말 중요합니다. 이것만 봐도 모든 과정이 중요하지만, 먼저 단계를 넘어가야 되기 때문에 처음 단계로 갈수록 중요하다는 것을 볼 수 있습니다.

주력 상품을 만들자

우리가 올린 대부분의 제품은 오프라인 의류 매장 안 옷걸이에 다른 의류와 겹쳐져 걸려 있는 수많은 아이템 중 하나입니다. 다이소 매장 안 수만 가지 아이템 중 좋지 않은 위치에 있어서 눈에 보이지도 않고, 보이더라도 왠지 손이 가지 않는 그런 아이템일 가능성이 많습니다.

하지만 어떤 아이템은 TV 광고에도 나오고 매장 앞에 입간판으로 크게 홍보되고 있습니다. 많은 아이템을 올려 판매하고 있는데, 그 안에서 주력 상품을 만들고 큰 매출과 고정적인 수입을 불러와야 합니다.

같은 상품을 올리더라도 다른 사람들이 올려놓은 메인 사진보다 훨씬 더 특색있고, 조금이라도 눈에 더 띄게 편집합니다. 수정하고 보완하며 상품명 하나도 클릭을 유발하도록 만듭니다. 클릭 후 상세페이지를 보면 안 사고는 못 배기게, 그 나라 사람들의 문화와 취향을 고려해서 올리고 있는지 생각해 볼 필요가 있습니다.

여러분은 본인이 올려 놓은 제품을 사고 싶나요? 필자는 제품을 등록하고 난 뒤 다시 한 번 보면서 묻습니다. '너라면 살 것 같니?' 생각해보고 사고 싶지 않으면 다시 처음부터 수정합니다. 만족할 때까지 바꿔줍니다.

스스로도 이 아이템을 보면 사고 싶기 때문에, 실제로 돈을 주고 사서 사용합니다. 솔직히 본인이 올렸지만 사고 싶고, 나와 같은 생각을 하는 사람이 있기 때문에 매출이 나올 수밖에 없습니다.

그리고 제품이 도착하면 사용해본 후기도 상세페이지에 업데이트합니다. 사진도 직접 찍어 올리는데, 이런 작업이 필자가 하고 있는 최소한의 일입니다.

우리는 셀러가 되기 전에는 이것 저것 많이 따지면서 물품을 구매했는데, 셀러가 되고 나서부터 본인도 사지 않을 제품을 구매해달라며 요구하고 있습니다. 본인도 구매하고 싶은 아이템이 필요하고, 구매하고 싶게 만들어야 합니다. 아무리 물고기 많은 낚시터에 가도 낚싯대에 미끼 없이는 물지 않습니다. 내가 잡고 싶은 물고기가 좋아하는 미끼를 끼워야 내가 원하는 물고기를 낚습니다.

온라인 마켓에서 판매하는 행위가 낚시는 아니지만, 소비자가 원하는 것을 보여 주어야 그들도 구매합니다. 그것이 꼭 물질적일 필요는 없습니다. 그들의 취향과 성향, 그저 마음을 움직이면 됩니다.

내 스토어를 백화점으로 만들자

본인이 운영하는 스토어를 백화점처럼 믿을 수 있는 공간으로 만들 필요가 있습니다. 현재 해외 마켓은 아이템도 중요하게 여기지만 비슷한 가격대의 제품군이라면 신뢰할 수 있는 셀러에게 구매하고 싶어합니다.

화장품을 예로 들면, 백화점 화장품 매장과 재래시장 안 로드샵 화장품 매장이 있습니다. 서로 같은 브랜드의 화장품을 판매하고 있다면, 사람들은 어디에서 구매하길 원할까요? 대부분 백화점을 선택할 것입니다.

시장 안의 화장품 매장이 나쁘다는 것이 아닙니다. 같은 화장품을 파는데 매출에 차이가 나는 것은 단지 인식의 차이입니다. 왠지 백화점이 더 믿을 수 있고 신뢰가 가는 것뿐입니다. 그것은 바로 이미지입니다.

기업의 이미지, 회사의 이미지는 돈을 주고 살 수 없는 정말 중요한 개념입니다.

삼성처럼 세계적인 회사도 자사의 제품 광고도 하지만, 삼성 자체 브랜드를 광고하기도 합니다. 삼성의 이름으로 기부도 하고 여러 가지 활동을 하고 그것을 소비자들에게 알립니다. 기업의 이미지를 올리고 자사의 매출을 올리기 위해 천문학적인 액수를 투자하고 있습니다.

여러분이 판매하고 있는 아이템도 마찬가지입니다. 아이템이 이미지 좋은 대기업의 제품이라고 무조건 사는 것이 아닙니다. 그 아이템은 나 혼자 파는 것이 아니기 때문입니다.

정말 인기있는 제품이 경쟁하고 있다면, 어차피 같은 제품이기 때문에 소비자의 선택은 셀러의 이미지가 됩니다. 하지만 우리는 무조건 가격이라 생각하고 최저가 경쟁을 시작하게 됩니다.

'최저가'라는 것이 정말 중요할까요? 물론 무시할 수 있는 것은 아닙니다. 단지 내가 파는 아이템을 최저기를 맞추기엔 무리가 있을 뿐입니다. 우리도 마진을 내고 모아진 돈으로 생활을 해야 되기 때문입니다.

저렴한 것은 분명 이유가 있을 것이라 생각합니다. 비싼 것도 마찬가지입니다. 같은 제품을 판매하고 있지만, 내가 판매하는 제품이 다른 셀러보다 높더라도 그 비용을 주고 구매해도 될만한 가치를 심어주면 됩니다.

예를 들어, 우리나라의 유명 믹스커피를 판매해 보겠습니다. 검색해 보면 나오겠지만 경쟁이 매우 치열하고 판매하는 셀러도 많습니다. 판매하는 셀러들의 사진이나 상품명 상세페이지를 보면 정말 소름 돋을 정도로 똑같습니다. 가격만 약간 차이날 뿐입니다

그 와중에 누군가가 남들과 다른 방식으로 접근합니다. '그는 메인 사진도 눈에 잘 띄게 만들고, 상품명도 클릭을 안하고는 못 배길 정도로 만들고, 상세페이지에 이 제품을 얼마나 보유하고 있으며, 주문 즉시 발송할 수 있는 상황인지 보여주고, 유통기한을 정확히 안내하고, 믹스커피를 사용해서 아이스커피를 만드는 레시피도 보여주고, 얼마나 신뢰 있는 셀러인지 보여주었습니다.'

이를 보고 소비자는 생각합니다. 어차피 해외 배송 상품을 구매하는데, 조금 더 비싸더라도 주문 즉시 발송하고, 유통기한도 넉넉하고, 안심하고 구매할 수 있는 정보를 제공하여 신뢰를 주는 셀러가 있다면 그것을 선택할 것입니다.

물론 정보만 제공하고 어차피 제일 싼 제품을 사러 가는 것이 아니냐며 반문할 수 있습니다. 한국에 파는 것처럼 주문하면 하루 뒤에 도착하는 것이라면 상황이 다르겠지만, 이것은 해외에 파는 것입니다. 생각보다 긴 시간을 기다려야 되며, 그 기간 동안 과연 도착할지, 언제 올지, 오배송되지 않을지, 파손되지 않을지 걱정합니다.

이런 상황이기 때문에 셀러가 얼마나 믿을 수 있는지, 만족감을 심어준 신뢰가는 셀러에게 구매하게 되는 것입니다. 분명 해외에서 구매하게 되면 여러분도 그렇게 될 것입니다.

한국식으로 생각하고 한국의 성향으로 판단하기 시작하면 수많은 오류 속에서 잘하고 있다는 착각으로만 시간이 지나가 버릴 수 있습니다. 필자는 이 방법으로 수많은 경쟁자들 사이에서 가격으로 흔들리지 않고, 원하는 마진을 남기면서 판매하고 있습니다.

말도 안 되는 마이너스 마진을 잡고 들어오는 경쟁사는 어쩔 수 없지만, 같이 마진을 남기는 구조라면 질 이유가 없습니다. 왜냐하면 필자는 그들에게 믿을 수 있는 사람이기 때문입니다.

아이템은 당연히 좋아야 합니다. 그건 기본적인 사항입니다. 그 이상 소비자에게 더 많은 정보와 신뢰를 줄 수 있어야 합니다. 이것은 돈을 주고 살 수 없는 나만의 이미지이며, 브랜딩이라는 작업입니다.

단지 아이템만으로 승부하는 시대는 지났습니다. 마케팅의 시대입니다. 장사꾼이 아무리 떠들어대도 내가 믿을 수 있는 사람의 한 마디가 더 와 닿습니다.

올려놓은 수많은 아이템 중에서 딱 하나라도 소비자에게 나라는 사람에 대한 신뢰를 심어 줄 수 있다면 꼭 그렇게 하기 바랍니다. 그러면 나머지 제품을 굳이 수정하지 않아도 신뢰를 주는 아이템 하나 덕분에 모든 제품이 빛나 보이게 됩니다.

백화점에서 파는 것은 왠지 다른 곳보다 비싸지만 값어치가 있어 보이고 좋아 보이며, 믿을 수 있는 제품이라 생각되는 것처럼 여러분의 스토어를 백화점으로 만들면 좋겠습니다.

디지털 노마드, 워라벨
(Work-life Balance)

과거에는 개인의 생활이나 취미보다 직장에서 대부분의 시간을 할애하는 것이 우선일 정도로 당연한 때가 있었습니다. 최근 사회적 환경의 변화로 이러한 인식이 바뀌면서, '욜로'가 대두되었고, 지금은 그와 더불어 '워라벨'이 젊은 층을 대상으로 자리잡아 가면서 다른 층으로 확대되고 있습니다.

그 대상이 대부분 직장인이기도 합니다. 앞으로 가치의 우선 순위가 일보다는 개인으로 점차 확대되어 가는 것은 시대적 흐름입니다. 뜬금없는 주제를 가지고 이야기하는 것이 아닙니다.

셀러를 시작하려는 여러분에게 주는 자극과 동력에 대해 다른 방식으로 이야기하려고 합니다. 글로벌셀러를 시작하는 입장에서 볼 때, 셀러라는 일 자체가 이러한 시대적 흐름에 역행할 수밖에 없습니다.

이는 여러분의 사업입니다. 즉, 본인이 노력한 양에 따라 매출이 달라질 수밖에 없습니다. 전업으로 만족스런 성과를 이루게 되면, 비로소 '디지털 노마드'가 됩니다. 워라벨의 표현은 쓰지 않습니다. 이 둘은 공통적인 요소도 있지만 차이점이 있습니다.

글로벌셀러의 업무와 개인적 생활이 하루 동안 많은 교차가 일어납니다. 일과 생활의 구분이 모호할 지도 모릅니다. 필자가 바라보는 워라벨은 적당한 일과 개인적인 생활을 분리할 수 있어야 한다고 생각합니다.

하지만 글로벌셀러는 일과 생활이 하루에 수십 번 반복해서 일어납니다. 예를 들어, 일종의 '대기조'같은 느낌입니다. 분명 일하는 시간을 정해 두었지만, 주문이나 CS 등이 발생하면 개인적 생활을 하다가도 업무 처리를 하게 됩니다.

쉬더라도 업무에 지속적으로 신경이 쓰이는 상태입니다. 특히 내 일이므로 그러하지 않을 수 없습니다. 그러나 많은 매출로 인해 직원을 조금씩 고용하고, 대부분의 업무들이 직원들로 충분히 가능하다면, 이때부터 워라벨을 생각하면 됩니다.

이때가 되기 위해서는 많은 시간이 필요합니다. 그리고 언젠가 여러분도 이 단계까지 갈 수 있습니다.

부업이라면 전업보다 더 오랜 시간 '워라벨'은 꿈도 꾸지 못합니다. 글로벌셀러는 '디지털 노마드'입니다. 자유롭게 이동하면서 어느 곳에서, 언제든 일할 수 있고, 즐길 수도 있습니다.

업무에 필요한 노트북 등의 기기들만 있으면, 시간과 장소에 구애받지 않고 일을 할 수 있습니다. 이것은 글로벌셀러가 가지는 최고의 장점입니다. 당연한 전제는 본인이 셀러로서 만족할만한 성과를 지속적으로 거두고 있을 때 이야기입니다.

디지털 노마드는 글로벌셀러가 가질 수 있는 최고의 선물입니다. 어느 순간이 되면 사업 확장이 눈에 보이기 시작합니다. 이때가 되면 여러분도 확장을 위해 많은 시도를 했으면 좋겠습니다.

여러분이 생각하는 삶의 목표가 디지털 노마드의 삶과 닿아 있다면 그 목표 성취를 위해 1~2년 정도는 준비 기간이라 생각하고, 어렵겠지만 전력투구를 해서 꼭 보상받기 바랍니다.

그리고 상상해보세요. 세계 어느 나라에서든지 일을 하며 동시에 여행을 즐기는 여러분의 모습을 꿈꿀 수 있습니다.

글로벌셀러와 이카루스

모든 셀러들이 단순한 셀링에서 벗어나 자신만의 가치관과 컨셉을 가지고 일을 해야 합니다. 본인만의 아이덴티티가 있어야 합니다. 본인이 올린 메인 사진, 상품명, 상세페이지를 보기만 해도 리스팅한 셀러의 모습이 그려져야 됩니다. 추상적이긴 해도 그것이 프로라고 생각합니다.

이 세계에 정해진 답은 없습니다. 남들이 만들어낸 방식에 나를 맞추기 급급하고 나란 사람은 그 안에 전혀 없습니다. 그들이 정해 놓은 규정과 규칙 속에 사진, 상품명, 상세페이지를 올립니다. 잘 팔리면 다른 셀러는 그것을 보고 따라합니다.

똑같은 사진, 상품명, 상세페이지를 누가 하라고 시키지 않아도 그렇게 따라하기 바쁩니다. 우리는 왜 이렇게 일을 하고 있는 것일까요?

'이카루스'라는 그리스 신화 속의 인물을 들어봤을 것입니다. 이카루스는 다이달로스의 아들입니다. 다이달로스와 이카루스는 일련의 사건을 계기로 미노타우르스의 미궁에 갇히게 됩니다. 다이달로스와 이카루스는 미궁에서 빠져나가기 위해 새의 깃털과 밀랍으로 날개를 만들어 하늘 높이 날아올라 미궁을 탈출하게 됩니다.

이카루스는 새처럼 날아오르는 것이 너무 신기했습니다. 다이달로스는 그런 이카루스에게 너무 높게 날아올라 태양 가까이 다가가면 날개가 타버려 추락할 수 있다고 말합니다.

하지만 이카루스는 다이달로스의 경고를 무시한 채 계속 위로 날아오르다 날개가 타버려 차가운 에게해로 떨어져 죽게 됩니다. 다이달로스는 이카루스에게 너무 높게도 너무 낮게도 날지 말라고 경고했습니다. 너무 낮게 날면 날개가 물에 젖어 죽을 수 있기 때문이었습니다.

책이나 이야기로 전해지는 이카루스에 대한 이야기를 보면 태양 가까이 다가가서 죽었다고 이야기할 뿐 낮게 날아서 죽을 수 있다는 것에 대해서는 제대로 이야기하지 않습니다.

너무 높게 나는 것보다 너무 낮게 나는 것이 훨씬 더 위험할 수 있다. 왜냐하면 우리에게 안전하다는 착각을 주기 때문이다. - 세스고딘

우리 사회는 알게 모르게 다양성을 무시하고 개인의 개성보다는 다수의 의견을 강요합니다. 글로벌셀러 세계도 그렇습니다.

남들과 같은 방법, 생각, 아이템, 프로그램이 과연 맞다고 생각하나요? 안전하다 생각되나요?

높이 날아오르면 타 죽는다고 이야기하니, 어쩔 수 없이 남들이 만들어 놓은 시스템에 나를 맞춰 넣고 '안전하다' '이게 당연한 것이다' '잘 모르니 어쩔 수 없다' '다들 이렇게 하니까'라며 서서히 가라앉아 곧 날개가 물에 젖어서 바다에 빠져 죽을 수 있는데도 이렇게 하는 것이 맞다고 생각하나요? 그것은 정말 위험한 생각입니다.

글로벌셀러를 딱 1개월만 해봐도 내가 생각했던 세계와는 굉장히 다르다는 것을 알 수 있습니다. 개인을 상대로 하는 많은 강의 업체와 인터넷 정보들은 말합니다.

'당신도 이렇게 하면 할 수 있다' 과연 가능한 것일까요? 모든 사람들은 각자 다릅니다. 성향, 성격, 환경 등 본인의 능력은 천차만별입니다.

아무것도 고려되지 않고 그저 광고에 현혹되어 자신의 개성을 살리기보다는 상대방이 제시하는 기준에 나를 맞추기 시작합니다. 나의 날개 짓 한 번으로도 위로 올라갈 수 있는데, 다른 사람이 더 올라가면 타 죽는다 이야기하니 그냥 그대로 날고 있습니다. 곧 날개에 힘이 빠져 에게해에 빠져 죽을 것 같은데도 맞는 것 같다고 생각합니다.

필자도 그리 생각하고 행동했었습니다. 유명한 사람이 이야기하는데 맞겠지, 믿어보자, 다들 저 사람 말이 맞다고 이야기했기 때문에 그렇다고 생각했습니다. 하지만 그 생각은 한 달도 지나지 않아 박살났습니다.

절대로 남들과 같은 생각과 방식으로는 살아남을 수 없는 곳이었습니다. 기대감은 불안감과 절박함으로 바뀌었고 기댈 곳도 없었습니다. 주변사람 누구 한 명 나의 일이 어떤 것인지 알지 못했고, 같은 일을 하는 사람들은 나를 경쟁자로 여기기 바빴습니다.

에게해 수면 바로 위를 보기에는 아주 잔잔했지만 모르는 사람들과 날고 있었고, 바다 수면 위의 차가움을 느낄 수 있었습니다. 다른 사람들은 위나 아래가 아닌 앞만 보고 가기 바빴고, 필자는 아래를 내려다 보고 있었습니다.

생각보다 빨리 빠져 죽을 수 있다는 생각이 들었습니다. 어차피 이렇게 빠져 죽을 것이라면 타 죽더라도 위로 날아가 보겠다고 생각했습니다. 위험을 감안하고 발악해보고 그만두나, 이대로 그만두나 결과는 같았기 때문에 후회없이 해보기로 했습니다.

기존에 알고 있던 셀링에 대한 생각을 모두 바꿨습니다. '왜 아이템과 최저가에 목숨을 걸고 있을까?' '다들 그렇게 하기 때문에 나도 그렇게 하고 있는 것인가?' '아이템이 좋아야 팔리고 최저가만 팔리는가?' 편견이라 생각했습니다.

'최저가를 맞추기 위해서는 무조건 사입을 해야 된다. 가격이 싸면 팔리니까?' '제품이 좋으면 팔린다. 내 제품은 좋다. 고로 팔린다?' '인기있는 제품을 올리면 잘 팔린다. 인기 있으니까?' 다시 이런 생각을 해보니 아니었습니다. 판매자 즉, 셀러 입장에서만 이야기하고 있다는 생각이 들었습니다. 왜 소비자의 입장은 고려하지 않을까요?

셀러 센터에서 로그아웃하면 나도 그냥 한 명의 소비자인데, 물건을 살 때 저런 생각을 갖는 것이 아닌데, 왜 저렇게 상품을 판매하고 있었는가?

'상대방이 좋다고 하면 무조건 사는가?' '싸면 무조건 사는가?' '인기 있다고 하면 무조건 사는가?' 우리는 왜 소비자에게 구체적인 이유 없이 무작정 사라고 이야기하고 있는 것일까요?

- 상대방과 차별성이 있어야 하고, 이목을 사로잡을 만한 포인트가 있어야 합니다.
- 상품명 키워드에 존재의 이유가 있어야 하며, 경쟁사를 제치고 내 것을 클릭하게 만드는 장치들이 존재해야 합니다.
- 경쟁사보다 우위에 있을 수 있는, 제품을 사야 되는 이유에 대해 상세페이지에서 알려주어야 합니다.
- 경쟁사보다 내 것이 더 비싸도, 내 것을 사야 하는 타당한 이유를 소비자에게 이야기할 수 있어야 합니다.

우리는 과연 하고 있을까요? 똑같은 제품이라도 위처럼 표현해야 합니다. 아마존, 이베이, 라자다 등 한국 셀러들이 올려 놓은 상품을 보고 있으면 메인 사진, 상품명, 상세페이지까지 모두 똑같습니다. 다른 것은 가격 밖에 없습니다.

소비자들은 어차피 다 똑같으니 제일 저렴한 것을 구매할 것입니다. 판매해서 소득을 내려면 남들보다 압도적으로 싼 가격에 물품을 가져와야 합니다. 과연 가능할까요?

소비자에게 가격 외에는 판단할 수 없게 만들고 있다는 것을 스스로 알아야 합니다.

벗어나야 합니다. 달라져야 합니다. 다들 너무 똑같이 셀링하고 있어서 한 명만 다르게 하면 눈에 잘 들어올 것입니다.

위로 향하는 한 사람의 날개 짓이 앞만 보고 가는 내 눈에는 안 보이겠지만, 그 사람은 위를 향하고 있습니다. 그런 사람을 부러워만 하고 있습니다. 나도 똑같은 시간, 똑같은 업무를 하고 있는데 안될 이유가 없습니다.

필자는 타 죽어도 좋으니 발버둥쳐보자 생각했고, 후회하는 것은 더욱 싫어서 누군가 탓하지 않기 위해서라도 미련 없이 스스로 위로 향하고 있습니다.

- 다들 돈을 주고 사입을 할 때 돈을 되려 받고 최저가에 물건을 가져왔습니다.
- 다들 앉아서 셀링을 할 때 밖에 나가서 사람을 만났습니다.

- 다들 아이템을 찾고 분석할 때 내가 팔 나라의 사람들을 분석했습니다.
- 다들 아이템 소싱을 하기 위해 노력할 때 아이템이 직접 찾아오게끔 노력했습니다.
- 다들 한국 시장은 레드오션이라고, 해외 마켓을 이야기할 때 스토어팜을 시작했습니다.

필자가 잘났다며 자랑하는 이야기가 아닙니다. 단지 어떤 일이든 남들이 하는 것을 따라해서 성공한 사람은 없다는 것입니다. 따라해봐야 아류로 밖에 남지 않습니다. 그들은 나만을 위한 이야기를 해주지 않습니다.

이미 만들어진 세계이고 환경이더라도 그 안에서 독보적인 것을 보여주며 혁신을 이끌어낸 사람만이 살아남는 세상입니다.

어차피 포기할 것이라면, 타 죽거나 빠져 죽기 전에 화려하게 날개짓을 하며 높은 곳도 올라가보는 것을 추천합니다. 높은 곳에 올라본 김에 멀리 보고 남들이 느끼지 못하는 기분을 경험해 봤으면 좋겠습니다.

EPILOGUE

2018년 여름은 다른 해 여름보다 더욱 더웠습니다. 올해 여름을 잊지 못할 것 같습니다. 새롭게 기록을 경신하는 무더위, 과거의 여름보다 더 열심히 시간을 보냈으며, 비로소 디지털 노마드의 생활을 시작한, 잊혀지지 않을 여름인 것 같습니다.

이 글로 인해 다른 삶을 선택했을 수도 있고, 아니면 용기를 내어 글로벌셀러를 선택하는 재확인의 시간을 가졌을지도 모릅니다. 글로벌셀러를 선택할지, 아니면 다른 삶을 선택할지는 여러분의 결정입니다.

어떠한 선택이든 그 자리에서의 땀과 노력, 그리고 인내로 최선을 다한다면 좋은 결과로 이루어지리라 생각합니다. 필자 역시 셀러이므로 하루 하루를 최선을 다하고자 노력하고 있습니다.

구매대행 형태의 글로벌셀러는 시작부터 쉽지 않은 일입니다. 아이템 소싱부터, 상품을 힘들게 리스팅하더라도 초기에는 판매도 거의 없는 상태입니다. 본인 스스로 아이템 소싱, 리스팅 방법 등에 있어 항상 분석하고, 수정하는 방향으로 나아가야 합니다.

이러한 단계를 거치더라도 최소 몇 개월 동안 여러분이 생각한 수익을 발생시키는 것은 상당히 어려운 일입니다. 그럼에도 우직하게 나아간다면 결실을 맺을 수 있을 것이라 생각합니다.

다시 한 번 이야기하지만, 글로벌셀러에 대한 마음을 굳혔다면 상당한 노력과 인내에 대한 각오를 해야 합니다. 그럼에도 실패할 수 있는 것이 사업이란 것을 항상 염두해 두었으면 좋겠습니다.

분명 글로벌셀러는 다른 사업에 비해 초기 자본이나 사업 실패로 인한 자본 손실은 적습니다. 이런 분명한 장점이 있기 때문에 충분히 도전해 볼만한 사업임에는 틀림 없습니다. 하지만 글로벌셀러의 이면에 예상되는 어려움은 미리 확인해야 합니다.

글을 전문으로 쓰는 작가가 아닌 셀러임에도 이런 기회가 찾아왔다는 것 자체가 영광스러운 일이라고 생각합니다. 여전히 여러 부분에서 부족한 것들이 많습니다.

부족한 필력이지만, 그동안 셀러 활동을 해오면서 보고, 듣고, 느꼈던 것들, 여러분에게 말하고자 하는 것들을 최대한 적고자 했습니다.

이 책은 필자의 경험과 생각에 관한 기록일 수도 있습니다. 책을 통해 얻어간 부분이 있기를 바랄 뿐입니다. 이번의 소중한 기회를 또 다른 성장 동력으로 삼아보려 합니다.

책을 읽어 주신 여러분께 다시 한 번 감사의 인사를 전합니다. 그리고 이 책을 출판하기 위해 도움주신 관계자 분들께 감사의 인사를 전합니다.

EPILOGUE

2018년도까지 셀러 생활을 하면서 정말 분수에 맞지 않게 많은 것을 얻었습니다. 그 중 이렇게 책으로까지 내면서 죽을 것같이 힘들었지만 후회 없이 날개 짓을 해야 되기 때문에 기쁜 마음으로 진행했습니다.

원래 쓰고 싶었던 내용은 '30대 아저씨의 글로벌셀러 적응기'처럼 즐겁고 유쾌하게 셀러의 세계를 보여주는 방향이었습니다. 그러나 쓰다 보니 너무 무거운 내용의 책이 되어 버렸습니다.

그렇게 되면 차라리 좋은 이야기보다는, 셀러 세계의 적나라한 현실을 담아보고자 했습니다. 장점보다 단점을 더 많이 보여드리는 것이, 많은 사람들에게 도움이 될 것이라 생각했습니다.

글로벌셀러에게 개성은 그 무엇과도 바꿀 수 없는 무기입니다. 누가 더 잘 파는가의 문제가 아닙니다. 같은 주제도 다른 시각으로 바라보고, 그것을 온전히 나만의 노하우로 바꿔줘야 합니다. 여러분은 분명 저와 다를 것이라 생각합니다. 그리고 분명 저보다 더 나은 사람이라고 생각합니다.

무조건 할 수 있다 이야기하지 않겠습니다. 대신 하고자 하는 사람에게 분명 길은 있다고 이야기할 수 있습니다.

그것이 나의 노력으로 이뤄질 수도 있지만, 다른 사람의 도움으로 이뤄질 수도 있습니다. 하지만 내가 바로 서 있지 않으면 흔들릴 수밖에 없습니다.

필자가 가장 좋아하는 말은 '기초보다 더 나은 테크닉은 없다'입니다. 이 말을 잊지 않고 승승장구하기 바랍니다. 저의 도움이 필요하다면 언제든 연락주세요.

끝으로 지금까지 웃으면서 일할 수 있게 믿어주고 묵묵히 서포트해 준 사랑스러운 아내에게 마지막 감사를 전합니다.